AF185671

Yvonne Barwitzki

www.tredition.de

© 2015 Yvonne Barwitzki

Verlag: tredition GmbH, Hamburg

ISBN
Paperback: 978-3-7323-6529-6
Hardcover: 978-3-7323-6530-2

Printed in Germany

Kapitel 1

Regen trommelt, Donner grollt
ich lausche allem ungewollt
ein Blitz durchzuckt die dunkle Nacht
der Wind weht dazu leicht und sacht
durchs Fenster zieht der Regenduft
kalt und feucht ist nun die Luft
ich liege still und doch hellwach
denke übers Leben nach
leben ist wie Wetter, unberechenbar
die Verbindung liegt sehr nah
der Mond, die Sonne und die Sterne
sind Licht und Glück in weiter Ferne
Wolken und Regen sind Traurigkeit
gestalten schwierig manche Zeit
der Blitz ist Hass und Bitterkeit
Schicksalsschläge und auch Neid
doch ziehen Wolken nicht nach dem Gewitter fort?
Scheint die Sonne nicht am selben Ort?
Und so kann man auch das Leben sehen,
schlechte Zeiten werden gehen

werden von Mut und Hoffnung verdrängt

damit die Sonne zu scheinen anfängt

spürst du ihre warmen Strahlen im Gesicht?

Glaub mir, du bereust es nicht!

Vertraust du dir und deinem Leben

dann wird es immer Hoffnung geben!

Es war später Abend, als ich mich auf mein Sofa setzte, eine Tasse Tee in der Hand und dem Gewitter lauschte, das dort draußen tobte. Der Regen trommelte an die Fensterscheiben und Türen, als wollte er um Einlass bitten, während der Sturm um die Mauern des alten Hauses pfiff, so dass ich fast befürchtete, dass es gleich davon fliegen würde. Einen Moment lang begann ich zu träumen. Ich stellte mir vor mit meinem Haus um die ganze Welt zu fliegen und..... KRACH! Ich zuckte zusammen. Der alte Fensterladen hatte dem Sturm nicht mehr Stand gehalten und war gegen die Scheibe gekracht. Ja, mein Haus war nicht mehr das jüngste, genau wie ich selbst, aber ich liebte es. Mit seinem schiefen Giebel und dem hohen steinernen Schornstein hatte es mich als Kind (damals gehörte es noch meinen Eltern) immer an ein verwunschenes Hexenhaus erinnert. Heute, da ich um einiges älter bin und nicht mehr an Hexen und anderes Zaubervolk glaube, hat das kleine Häuschen in den Bergen doch etwas Magisches. Ich hatte mich nur inzwischen daran gewöhnt. Man gewöhnt sich an so viele Dinge im Leben und empfindet sie als ganz selbstverständlich, obwohl sie das eigentlich gar nicht sind. Ich beschloss mir um solche unnützen Dinge keine Gedanken zu machen und widmete mich wieder meinem Tee und dem Gewitter. Ich muss wohl eingeschlafen sein, denn als ich erwachte war es schon weit nach Mitternacht und das Gewitter hatte noch weiter zugenommen. Ich wollte gerade meinen Tee nehmen und hoch in mein Zimmer gehen, als ich ein leises Klopfen wahrnahm. Zuerst dachte ich, ich muss mich getäuscht haben aber da war es wieder, diesmal etwas lauter. Ich fragte mich, wer das wohl sein mochte, um diese Zeit, hier oben und noch dazu bei diesem Wetter. Langsam erhob ich mich und ging zögerlich zur Tür. Ich öffnete sie nur einen Spalt, gerade so weit, dass ich hinaus spähen konnte und traute meinen Augen nicht. Vor meiner Tür stand ein kleines Mädchen mutterseelenallein im Regen. "Darf ich rein kommen?" Ich war so verblüfft, dass ich kein Wort heraus brachte, also öffnete ich wortlos die Tür und machte eine einladende Handbewegung. Wie selbstverständlich setzte sie sich auf mein weinrotes Sofa und zog die Knie an. Sie zitterte. Ich holte eine alte Wolldecke und legte sie ihr um die Schultern. Dankbar wickelte sie sich darin ein. "Nun Kleine.....", fing ich an "...wer bist du?" Sie sah mich lange aus ihren großen Augen an, als müsse sie erst überlegen, dann antwortete sie zögerlich: "Weißt du denn, wer du bist?" Was war das denn für eine Frage? Natürlich wusste ich wer ich war! Ich war Paul, ein nun fast 80 Jahre alter Mann, der in seiner Jugend als Trümmerjunge nach dem Krieg gearbeitet hat. Während des Krieges war ich noch ein kleines Kind, und doch erinnerte ich mich daran, als wäre es gestern gewesen. Der Krieg hat uns alle sehr mitgenommen und so zogen sich meine Eltern bald mit mir auf diese Hütte hier oben zurück. Lange Rede kurzer Sinn: ich wusste sehr genau wer ich war, also antwortete ich: "Nun,... mein Name ist Paul und wie heißt du?" "Ja, aber wer bist du?" Ich verstand nicht was sie meinte und das schien mein Gesicht auch deutlich zu verraten, denn die Kleine fuhr fort: "Glaubst du wirklich dein Name verrät dir, wer du bist? Stell dir mal vor, du würdest nicht Paul heißen, sondern Peter oder Klaus. Würde sich irgendetwas ändern in deinem Leben?" Ich überlegte. "Mh.....nein", brachte ich schließlich hervor. "Na siehst du! Was macht es also für einen Sinn, jemandem seinen Namen zu sagen? Du hast deinen Namen von Geburt an, wie ein Schatten begleitet er dich durch dein Leben. Du hast dich an ihn gewöhnt, aber wenn es ein anderer gewesen wäre, hättest du dich an den gewöhnt. Verstehst du was ich meine?" Sie ließ mir keine Zeit zum Antworten. "Genauso ist es auch mit dem Vorstellen. Als Kind wurde dir immer gesagt, dass du deinen Namen sagen sollst, wenn jemand fragt, wer du bist. Du hast dich also daran gewöhnt und tust es heute noch, stimmst's?" "Ja...." stammelte ich, überwältigt von diesem Schwall an Informationen. "Du willst mir also sagen, dass Namen völlig unwichtig sind?", fasste ich nach einer kurzen Denkpause zusammen. "Ganz genau!" Sie lächelte, sichtlich zufrieden, dass ich verstanden hatte. "Ich komme seit vielen Jahren super ohne klar!" "Seit vielen Jahren? Wie alt bist du denn?" Ich wunderte mich, denn ich schätzte das Mädchen, das mir gegenüber saß auf sieben, höchstens acht Jahre. "Spielt das denn eine Rolle? Das Alter ist nur eine belanglose Zahl. Sie sagt genauso wenig über einen Menschen aus wie sein Name." Alter Schwede, dieses Mädchen überforderte mein altes Hirn! sie sprach weiter: „Ein zehn jähriger Junge, dessen Eltern beide arbeiten gehen, kann unter Umständen selbstständiger sein, als ein zweiund-

zwanzig Jahre alter Mann, der sein Leben lang alles hinter-
her getragen bekommen hat. Genau wie eine siebzig jähri-
ge Frau, die ihr Leben lang Sport gemacht hat, fitter sein
kann, als eine dreißig jährige, die nur auf dem Sofa sitzt
und Chips isst. Es kommt eben auf die Person an, nicht auf
das Alter." Da hatte sie natürlich Recht, trotzdem war ich
verwirrt. Wir schwiegen uns eine Weile an, dann sagte sie,
dass sie müde sei und nun gerne schlafen würde, da es
schon spät sei und morgen ein anstrengender Tag wäre. Sie
sagte dies mit einer Selbstverständlichkeit, als würde sie
schon Jahre hier wohnen. Ich sparte mir die Mühe nachzu-
fragen, was sie morgen so Anstrengendes vorhabe, denn
mein Schädel brummte schon jetzt von ihren sonderbaren
Antworten. Das Mädchen folgte mir wortlos die Treppe
nach oben, wo wir das große Schlafzimmer betraten. Ich
gab meinem kleinen Gast eines meiner weißen Unterhem-
den zum Schlafen. Obwohl es schon eines meiner kleinsten
war, reichte es ihr bis weit über die Knie und schlackerte
um ihre dünnen Beine, so dass es fast wie ein Kleid aussah.
Jetzt sah sie mit ihren blonden Locken und den großen,
blauen Augen fast wie ein kleiner Engel aus. Ein sehr nas-
ser Engel zugegeben und freilich fehlten die Flügel und
doch war eine gewisse Ähnlichkeit vorhanden. „Wo soll
ich schlafen?" Die Kleine sah mich fragend an. "Leg dich
einfach zu mir, das Bett ist groß genug für uns beide." Seit
meine Frau -Gott hab sie Seelig- vor nun fast sieben Jahren
von uns gegangen ist, hat niemand mehr auf der anderen
Seite des geräumigen Doppelbettes geschlafen. Nun lag
darin dieses sonderbare Mädchen. Jetzt, da sie schlief, sah
sie noch zerbrechlicher aus und ich fragte mich, wie sie

ganz allein den weiten Weg nach hier oben bewältigen konnte.

In dieser Nacht lag ich lange wach. Ich dachte über die Geschehnisse des heutigen Abends nach. Je länger ich darüber nachdachte desto seltsamer kam mir das Ganze vor. Was war das für ein Ort, wo weder Name noch Alter eine Rolle spielten? Gab es diesen Ort überhaupt? Und wenn nicht, wo kam die Kleine denn sonst her? Was tat sie mitten in der Nacht und bei solch einem Wetter hier oben in den Bergen? Das nächste Dorf ist einen Tagesmarsch entfernt, bei den kurzen Beinen vermutlich noch länger. All diese Dinge gingen mir durch den Kopf. Erst jetzt fiel mir auf, wie still es auf einmal war und es dauerte einen Moment, bis ich realisierte, dass sich das Gewitter verzogen hatte. Nur der Wind spielte noch mit den Blättern der Bäume neben dem Haus. Sie schienen zu flüstern. Ein leises, geheimnisvolles Wispern und ich bildete mir ein den Satz "Wer bist du?" zu verstehen. Sofort kam mir die Frage des Kindes wieder in den Kopf und ich fing an mir Gedanken darüber zu machen. Wusste ich wirklich, wer ich war? Wer wäre ich beispielsweise wenn ich in einem anderen Land aufgewachsen wäre, mit anderer Sprache und Kultur? Wäre ich dann trotzdem ich? Ich... was bedeutet das eigentlich? Auf einmal kam mir dieses Wort furchtbar belanglos und nichtssagend vor. Denn was genau ist Ich? Ist Ich das, was ich einmal war? Oder vielleicht das, was ich einmal werden wollte? Ist Ich das, was ich bin, was ich einmal sein werde oder gerne wäre? Vielleicht ist Ich auch das alles zusammen. Natürlich könnte es auch sein, dass Ich mehrere Gesichter hat und mal das und mal das ist. Aber wenn das der Fall ist, müsste man sich fragen, ob es reiner Zufall ist, welches Ich wann auftritt oder ob dahinter ein Konzept steht. Ich betrachtete das friedlich schlafende Mädchen neben mir und fragte mich, wie so ein kleines Wesen meine komplette Welt von heute auf morgen auf den Kopf stellen konnte. Ich machte mir Gedanken über Dinge, die mir mein ganzes Leben selbstverständlich vorkamen. Langsam bekam ich Kopfschmerzen vom vielen Denken und beschloss ein wenig zu schlafen. Ich löschte die Kerze auf dem Nachttisch und fiel in einen unruhigen Schlaf.

Kapitel 2

Als ich am nächsten Morgen erwachte, fragte ich mich, ob das
alles nur ein seltsamer Traum gewesen war. Aber nein, das
konnte nicht sein. Wieso sollte ich so etwas Absurdes träumen?
Nein, dieses Mädchen -wo auch immer es sich gerade befinden
mochte- war hier. Die nassen Kinderklamotten über dem Kamin
bestätigten meinen Verdacht. Ich zog meinen Morgenmantel
über, schlüpfte in meine Pantoffeln und ging hinunter in die
Stube. Ich staunte nicht schlecht, denn ein komplett gedeckter
Frühstückstisch und ein Zettel mit der Aufschrift "Guten Appe-
tit" befanden sich dort. Etwas verdutzt setzte ich mich auf den
Stuhl und begann zu essen. Während ich kaute, fragte ich mich,
wo das Mädchen wohl gerade sein mochte. Es war genauso
plötzlich verschwunden wie es gekommen war. Ein Blick aus
dem Fenster riss mich aus meinen Gedanken. Die Sonne stand
schon hoch am Himmel und es war höchste Zeit auf die Jagd zu
gehen, wenn ich heute etwas zu essen haben wollte. So schnell
ich konnte zog ich mich an und machte mich, mein Gewehr auf
der Schulter, auf den Weg nach draußen. Als ich vor die Türe
trat, traute ich meinen Augen nicht, denn direkt vor mir stand
genüsslich grasend ein Pferd und schaute mich an. Gut... dann
war immerhin geklärt wie mein Gast hier hoch gekommen war
aber wieso war dieses Pferd nirgends angebunden? Wieso hatte
es nichts, das verhinderte, dass es davon lief? Sonderbar.... äu-
ßerst sonderbar. Ich beschloss das Pferd zu ignorieren und mich
auf den Weg zu machen. Ich war noch nicht weit gegangen, da
kreuzte auch schon eine junge Bergziege meinen Weg. Ich hob
mein Gewehr an, zielte und..... "Nein! Nicht schießen!" Plötzlich
stand mein kleiner Gast hinter mir und sah mich aus großen
Augen an. "Du darfst die Ziege nicht töten!" Ich verstand wohl,
dass die Kleine nicht wollte, dass ich die Ziege töte, aber ich

brauchte sie doch zum Überleben! Ich versuchte ihr genau das zu erläutern. "Aber Kleines", fing ich an, "wovon soll ich mich denn sonst ernähren?" Die Kleine sah mich bestürzt an. "Wovon du dich sonst ernähren sollst?! Du wolltest die Ziege essen?!" Ich wunderte mich, denn mir war nicht ganz klar, was ich sonst mit der Ziege vorhaben sollte, aber bevor ich etwas erwidern konnte, sprach sie erregt weiter: "Stell dir mal vor, dich würde jemand töten, nur damit er etwas zu essen hat. Fändest du das okay?" "Aber ich bin doch keine Ziege!" Allmählich war ich etwas genervt. Was bildete sich dieses Kind ein, mir erzählen zu wollen, was richtig und was falsch ist? Die hat doch noch gar keine Ahnung vom Leben! Wenn die mal einen Krieg miterlebt hätte, ja dann würde sie anders denken. Was wären wir glücklich gewesen, wenn wir da eine Ziege zu essen gehabt hätten! "Aber da kannst du doch nichts dafür." Was sollte das denn schon wieder heißen? Natürlich konnte ich nichts dafür, dass ich ein Mensch und somit keine Ziege geworden war aber trotzdem, das war doch etwas völlig anderes! Den letzten Teil meines Gedanken sagte ich laut und erhielt sogleich eine Antwort darauf. "Wieso, was ist denn anders?" Moment! Habe ich mich gerade verhört oder hat diese Göre mich gefragt, was der Unterschied zwischen mir und einer Ziege sei?! "Alles, einfach alles!" entgegnete ich gereizt. "Was denn alles?", fragte sie seelenruhig weiter. "Wenn du damit zum Beispiel ihre Sprache meinst," fuhr sie fort, "so kannst du gar nicht wissen, ob Ziegen eine Sprache haben. Vielleicht haben sie ja eine, die so kompliziert ist, dass wir Menschen sie nicht verstehen und Menschen, das ist leider so können ganz schlecht zugeben, wenn sie etwas nicht verstehen. Also behaupten sie lieber, dass die Ziegen schuld seien und keine Sprache hätten um ihr eigenes Unwissen zu verbergen. Verstehst du was ich meine?" Als sie mein ratloses Gesicht sah, seufzte sie einmal tief, dann probierte sie es erneut. "Okay, sagen wir es anders.... Stell dir vor du gehst nichts ahnend im Wald spazieren, oder noch besser, du bist gerade auf dem Weg zu deiner Schwester und willst ihr ihre lebensrettende Medizin bringen und dann kommt einfach jemand und erschießt dich. Dann bist du tot und deine Schwester vermutlich auch, weil du ihr ihre Medizin nicht bringen kannst. Fändest du das nicht sehr egoistisch von dem Jäger?" "Ja, schon......", antwortete ich zögerlich, "aber so ist das nun mal im Leben, fressen oder gefressen werden." Das Mädchen sah mich belustigt an. "Du willst mir doch nicht ernsthaft erzählen, dass du glaubst, die Ziege würde dich fressen, wenn du sie nicht töten würdest?!" Natürlich glaubte ich das nicht. Dennoch stellte sich mir die Frage, was ich essen sollte, wenn kein Fleisch. Nur die Fladen, die ich mir aus Mehl und Wasser herstellte und das Gemüse von meinen Feldern? Das kam mir doch, gerade im Winter, sehr einseitig vor. "Weißt du," begann die Kleine, "das ist so, man darf Tiere nicht töten, sondern man muss sie lieb haben." Ohjeh, dachte ich mir. Was kam wohl als Nächstes? Sie als Götter verehren? Aber das, was das Mädchen weiter sprach klang selbst in meinen Ohren recht plausibel. "Wenn du eine Ziege tötest, dann kann sie dir nur ein einziges Mal Fleisch geben und beim nächsten Mal musst du eine neue töten. Eine ziemliche Verschwendung wenn du mich fragst. Bist du aber lieb zu ihr und freundest dich mit ihr an, dann wird sie dir sicher immer wieder gerne etwas Milch geben, wenn sie dafür gefahrlos auf der Wiese vor deinem Haus weiden darf oder den Rücken gekrault bekommt." So hatte ich das noch nie betrachtet... "Aber" , fragte ich, "wie schaffe ich es, dass die Ziege mit mir kommt und bei mir bleibt?" "Das ist ganz einfach", erklärte sie, "lock sie mit Futter, dass du vor deine Tür stellst, dann wird sie immer wieder zu dir kommen und sich melken lassen. Natürlich musst du dann auch dein Futterversprechen einlösen. So mache ich das auch mit meinem Pferd. Es bekommt Futter und Streicheleinheiten und dafür begleitet es mich überall hin und lässt mich auf sich reiten." Im Prinzip hatte sie Recht aber wie sollte ein bisschen Milch mein Hauptnahrungsmittel, das Fleisch ersetzen? Andererseits wenn man darüber nach dachte, was man aus Milch alles machen kann dann war das schon so einiges. Käse zum Beispiel. Käse war etwas Gutes. Sehr nährreich noch dazu. Ich überlegte, wie lange ich keinen Käse mehr gegessen hatte und allmählich begann mir der Vorschlag zu gefallen. Nur eine Frage hatte ich noch und stellte sie nun dem Kind: "Aber... würde das nicht bedeuten, dass ich mein ganzes Leben lang dumm gewesen bin?" Sie schwieg eine Weile nachdenklich, dann erklärte sie: "Dumm würde ich es nicht nennen, ich würde eher sagen nicht schlau, denn dumm ist niemand von Geburt an. Dumm kann man nur werden, wenn man verlernt, die Realität zu sehen."

Kapitel 3

Draußen regnete es in Strömen und ich saß auf der Fensterbank und hing düsteren Gedanken nach. Meine Laune war so übel wie seit Jahren nicht mehr und nicht einmal mein heiß geliebter Tee konnte daran etwas ändern. Es war so ein Tag, an dem man das Gefühl hat, man wäre aus Blei. Jede Bewegung, jeder Atemzug schien zu viel und die düsteren Wolken hingen so tief am Himmel, dass man das Gefühl hatte, man müsse sie berühren sobald man das Haus verlässt. An solchen Tagen fühlte ich mich alt. Nun könnte man natürlich sagen: "Das bist du mit deinen 79 Jahren ja auch" Aber vielleicht hatte das Gewitterkind ja doch recht und das Alter spielt keine große Rolle, denn an anderen Tagen fühlte ich mich bei weitem nicht so alt. Ich war so versunken in meinen Gedanken, dass ich gar nicht bemerkte, wie das Gewitterkind den Raum betrat. "Komm wir gehen spazieren!", rief sie nun fröhlich wie immer. Ich sah sie finster an. "Hast du mal aus dem Fenster gesehen?", knurrte ich. Sie blickte nach draußen. "Es regnet", stellte sie in einem freudigen, ja fast begeisterten Tonfall fest. "Na also, was willst du dann da draußen?", kommentierte ich. Sie sah mich irritiert an. "Spazieren gehen, hab ich doch gesagt." Sie lächelte. Das ging zu weit. So viel geballte Fröhlichkeit konnte ich an so einem grässlichen Tag nicht ertragen. "Hör zu! Kein normaler Mensch verlässt bei diesem Wetter freiwillig das Haus und ich werde `n` Teufel tun heute mit dir spazieren zu gehen! War das jetzt deutlich genug?" "Aber du hast es mir doch versprochen!" schluchzte sie. Da hatte sie zwar Recht, aber das war bevor ich wusste, was heute für ein furchtbar miserables Wetter sein würde. Ich hatte keine Geduld mehr, also packte ich sie an den Schultern und schüttelte sie leicht um meiner Aussage Nachdruck zu verleihen. "Ich weiß nicht, was du für eine komische, verzogene Göre bist, dass du bei diesem Wetter nach draußen willst und es ist mir auch ehrlich gesagt ziemlich egal aber es ist mir verdammt nochmal ebenso egal , was ich dir versprochen habe. Ich setze bei diesem Sauwetter keinen Fuß vor die Tür, ist das klar?" Die letzten Worte schrie ich beinahe und im Nachhinein klangen sie selbst in meinen Ohren einen Ticken zu hart. Die Kleine, für die es noch härter sein musste, wurde ganz rot im Gesicht und weinte bitterlich. Unter den Tränen schrie sie: „Du bist so ein gemeiner Stinkstiefel! Es wäre besser gewesen da draußen vom Blitz getroffen zu werden, als in deine doofe Hütte zu kommen!" Mit diesen Worten stürmte sie nach draußen und schlug die Tür hinter sich zu. "Trotzkopf", murmelte ich. Jetzt hatte ich wenigstens meine Ruhe. "Die wird schon wieder kommen, wenn sie Hunger hat", dachte ich. Aber sie kam nicht. Nicht am Morgen, nicht am Mittag, nicht am Nachmittag. Gegen Abend musste ich mir eingestehen, dass ich mir Sorgen machte und beschloss sie suchen zu gehen. Ich hatte keine Ahnung, wo ich anfangen sollte, denn die Weite der Berge schien grenzenlos, aber ich hatte keine andere Wahl. Schließlich war ich schuld, dass sie dort draußen war und sich womöglich verlaufen hatte. Ich zog die Kapuze meines Mantels tief ins Gesicht, schlüpfte in meine Gummistiefel und trat vor die Tür. Regen und Nebel schienen eine Dicke, düstere Wand zu bilden und drohten meine Suche nicht gerade zu erleichtern.

Dennoch hatte ich Glück. Ich war noch nicht weit gelaufen, als ich das Pferd des Mädchens erblickte. Wo das Pferd war, war sie auch nicht weit, das wusste ich inzwischen und ich sollte Recht behalten. An einem See saß sie auf dem Boden und warf Steine ins Wasser. Als sie mich sah, lächelte sie, als hätte sie schon auf mich gewartet. "Ich wusste , dass du kommst" ,sagte sie sichtlich erfreut, "können wir jetzt spazieren gehen?" Ich wusste nicht, ob ich lachen, weinen oder schreiend im Kreis laufen sollte, also tat ich keins von beidem und gab nach. "Jetzt bin ich eh schon nass", seufzte ich und wir gingen Seite an Seite ein Stück am See entlang, als das Mädchen plötzlich nach meiner Hand griff. "Da schau!", rief sie begeistert und zeigte in den Himmel. Dort erstreckte sich, soweit das Auge blicken konnte ein riesiger Regenbogen. Freilich hatte ich in meinem Leben schon viele Regenbögen gesehen aber dieser hier war mit Abstand der schönste und größte von allen. Ich war so überwältigt von seiner Schönheit, dass ich mich erst mal setzen musste. Als sei nichts selbstverständlicher auf dieser Welt setzte sich das Kind auf meinen Schoß und kuschelte sich in meine Arme. "Weißt du was Paul?", fragte sie. "Mh?", machte ich. "Ich hab dich lieb." In diesem Moment war ich den Tränen nahe. So ehrlich und aus tiefstem Herzen hatte das selten jemand zu mir gesagt. "Ich dich auch Kleines, ich dich auch". Plötzlich landete ein Marienkäfer auf meiner Hand. Das kitzelte und ich musste lächeln. "Da fällt mir was ein", sagte das Mädchen.

"Ich möcht mit dir zusammen sein,

auf einer schönen Wiese

in einer Welt voll Sonnenschein,

ne andere als diese

wenn du jetzt auch traurig sein magst

mach einfach schnell die Augen zu

damit du dich nicht weiter plagst

dann bist du in der Welt im Nu

schau dort kommt ein Käferlein

kommt von mir und geht zu dir

muss ein kleiner Bote sein

will was sagen dir von mir

er sagt, dass Freundschaft wichtig ist,

viel wichtiger als Geld

dass du mir furchtbar wichtig bist

das hab ich ihm erzählt"

Ich war sprachlos und eine Träne der Rührung lief mir die Wange hinab. Ich war glücklicher als jemals zuvor und verstand gar nicht wie mir geschah. Als der Käfer sich von meiner Hand in die Lüfte erhob, kommentierte meine neue Freundin:" Schau mal! Der macht, was wir morgen vorhaben! Er geht die Freiheit entdecken! Du hast doch Lust, das morgen mit mir zu machen, oder?" Sie sah mich fragend aus ihren großen Kinderaugen an. "Das hab ich Kleines"

,sagte ich, "das hab ich." Schweigend gingen wir zurück nach Hause und ein turbulenter Tag ging zu Ende. Als ich abends im Bett lag, dachte ich noch einmal darüber nach, was an diesem Tag alles geschehen war. Ich dachte an den Regen, an die schlechte Stimmung am Morgen. Ich dachte an den Streit und den Regenbogen und auf einmal wurde mir klar, dass der Tag heute Morgen nur schlecht war, weil ich wollte, dass er schlecht war. Hätte ich von Anfang an auf das Gewitterkind gehört, dann wäre gewiss der ganze Tag ein Abenteuer gewesen. Ich wusste nicht wie sie es anstellte aber sie sah in allem immer das Positive und lehrte mich, mich an den kleinen Dingen des Lebens zu freuen und sie als große Wunder zu betrachten.

Kapitel 4

Die Augen zu schließen,

Den Wind zu genießen,

So weit zu rennen wie man kann,

Ja so fühlt sich Freiheit an!

Die Freiheit die man immer genießen soll,

denn solche Momente sind wundervoll!

Auf dem Rücken der Pferde

Im Galopp um die Erde

Die Freiheit zu spüren, sie zu lieben,

es fühlt sich an als würde man fliegen.

Ich schloss die Augen und was ich da sah,

Das war einfach wunderbar!

Grenzenlose Weiten

Wir fliegen durch die Zeiten.

Wir fliegen mit Träumen und Fantasie,

denn das Herz erblindet nie

Als ich an diesem Morgen erwachte, war mein kleiner Gast offenbar schon lange wach, denn als ich die Stube betrat, dachte ich es hätte eine Bombe eingeschlagen. Überall auf dem Fußboden verteilt lagen Sachen der verschiedensten Art. Teilweise hatte ich sie Jahre, ja Jahrzehnte nicht mehr gesehen. Auf die Schnelle entdeckte ich Kleidung, einen Kompass, das alte Militärzelt meines Vaters und vieles mehr. Inmitten des Chaos saß das Gewitterkind auf dem Boden und stopfte alles in große Jutesäcke, die sie wohl im Schrank gefunden hatte. "Darf ich mal fragen, was du da machst?" Sie hatte mich offenbar nicht kommen hören, denn sie schaute überrascht auf. "Ich packe", war die kurze aber treffende Antwort, die ich erhielt und ich nahm mir vor, meine Fragen zukünftig genauer zu formulieren. "Willst du verreisen?", fragte ich sie also. "Wir werden verreisen", verbesserte sie mich. Das wurde ja immer besser, wohin sollte ich denn in meinem Alter noch verreisen? Und vor allem wozu? Ich hatte bereits alles gesehen, was ich sehen musste und war nun froh hier oben ein stilles Plätzchen für meinen Lebensabend gefunden zu haben. "Sag, freust du dich denn gar nicht?" Sie sah enttäuscht aus. "Ich wollte dir doch die Freiheit zeigen!" Da ich wusste, dass das Kind, wenn es sich einmal etwas in den Kopf gesetzt hatte nicht locker ließ, beschloss ich erst mal in Erfahrung zu bringen um welche Art von Reise es sich handelte. Vielleicht war es ja erträglich. "Was genau hast du vor?", fragte ich also. "Wo willst du hin?" Das Mädchen lächelte, denn es spürte, dass es gewonnen hatte. "Also...", begann sie, "ein festes Ziel gibt es bis jetzt noch nicht. Der Sinn unserer Reise ist es, dass du dich frei entscheidest, wohin wir gehen und was wir tun." Ich überlegte, ob ich mich dann nicht auch frei entscheiden könnte, zuhause zu bleiben aber ich verwarf den Gedanken schnell wieder, denn ich war überzeugt davon, dass daraufhin mindestens tausend gute Gründe auf mich einprasseln würden, wieso dies nicht möglich sei. Aus diesem Grund begnügte ich mich

damit, zu fragen, wo wir schlafen würden. "Im Zelt natür-
lich!", rief sie erfreut aus. Spätestens jetzt fragte ich mich,
ob mein Gast wohl vergessen hatte, wie alt ich bin und ich
versuchte ihr genau das zu erläutern. "Nun", sagte ich, "das
ist ja alles schön und gut, aber meine alten Knochen und
Gelenke sind nicht mehr dafür gemacht, irgendwo auf dem
Boden zu schlafen. Diese Zeiten sind schon lange vorbei."
Sie sah mich irritiert an. "Aber das mit dem Alter hab ich
dir doch schon erklärt!", rief sie fast vorwurfsvoll. "Das Al-
ter ist nur.....". "....Eine belanglose Zahl, ja, ja ich weiß", er-
gänzte ich. "Perfekt!", rief sie aus. "Aber dann verstehe ich
dein Problem nicht." Da mir kein passendes Gegenargu-
ment mehr einfiel, banden wir das Gepäck auf das Pferd
und machten uns auf den Weg. Das Gewitterkind vorne,
ich dahinter und das Pferd trottete uns hin und wieder ei-
nen Grashalm einsammelnd hinterher. Auf einmal blieb
mein Gast stehen. "Wo willst du hin?", fragte sie mich. Da
es mir völlig egal war zeigte ich in eine x-beliebige Him-
melsrichtung und wir setzten unseren Marsch fort. Wir
waren noch nicht sehr weit gegangen, als ich merkte, wie
meine Beine müde wurden und ich informierte das Kind
über meine Beschwerden. "Gut", sagte sie, "dann bleiben
wir hier." Erst jetzt sah ich mich richtig um. Wir standen
am Rand eines Waldes, nicht weit entfernt von einer Klip-
pe. Überwältigt von der Aussicht musste ich mich erst
einmal setzten. Ich blickte über Berge und Täler, Wiesen
und Felder und den Ozean, der am Horizont mit dem
Himmel zu verschmelzen schien. "Es ist wunderschön"
,bemerkte ich und lächelte. "Wo möchtest du das Zelt auf-
stellen?" "Dort drüben", ich zeigte auf den Rand der Klip-
pe, denn ich konnte gar nicht genug von dieser Aussicht

bekommen. Als wir mit dem Zelt Bau fertig waren, spürte ich jeden einzelnen Knochen, zumindest glaubte ich das. (So gut kannte ich mich in Anatomie nicht aus). Trotz den Schmerzen und der Erschöpfung fühlte ich mich sehr wohl hier draußen und ich begann nachzudenken während das Mädchen loszog um Feuerholz zu sammeln. Ich fragte mich, was ich jetzt gerade wohl tun würde, wenn dieses sonderbare Kind nicht in mein Leben getreten wäre und mir wurde schmerzlich bewusst, dass es wohl nichts anderes als die letzten 20 Jahre auch gewesen wäre. Allmählich begann ich mich zu fragen, warum mir das in all den Jahren nicht langweilig geworden war und es beschlich mich das Gefühl, dass ich etwas vergessen hatte in all den Jahren und langsam wurde mir auch bewusst was es war. Ich hatte vergessen zu leben. Natürlich könnte man jetzt sagen: "Was erzählst du denn da für einen Blödsinn? Du atmest, dein Herz schlägt, also lebst du!" Aber dieses Leben meinte ich nicht. Natürlich traf das aus rein medizinischer Sicht zu aber das, worüber ich mir gerade Gedanken machte war, dass ich in all dem Alltagstrott, den sich immer wiederholenden Abläufen vergessen hatte die kleinen Wunder zu sehen. Ich hatte mich darauf ausgeruht, dass ich ein alter Mann bin und mein Leben bereits gelebt habe aber nun wurde mir schlagartig klar, dass dem gar nicht so ist. Es gibt noch so viel zu entdecken auf dieser Welt, so viel Wunderschönes zu sehen. Ich dachte an den Regenbogen und konnte nicht verhindern, dass mir Tränen in die Augen stiegen. "Warum weinst du?" Ich hatte die Kleine gar nicht kommen gesehen und schämte mich nun ein wenig. Ich war doch kein kleiner Junge mehr. "Ich....ähm....hab nur was im Auge" , sagte ich also und wischte mir die Tränen aus dem Gesicht. "Warum lügst du mich an?" Das Mädchen sah enttäuscht aus. "Weinen ist doch nichts Schlimmes." "Ach weißt du", sagte ich nun, "mir ist gerade klar geworden, dass ich die letzten Jahre meines Lebens, ja fast mein ganzes Leben sinnlos an mir vorbei ziehen ließ." Sie sah mich lange an und ich wusste nicht, wie ich ihren Blick deuten sollte. "Aber findest du nicht", begann sie zu sprechen, "dass es gut ist, dass es dir aufgefallen ist? Dann kannst du nun etwas ändern. Man sollte die Dinge immer positiv sehen!" Langsam fing es an zu dämmern und wir stapelten das gesammelte Holz zu einem Scheiterhaufen, um mit einem Feuer für Licht und Wärme zu sorgen. "Hast du Streichhölzer mitgenommen?", fragte ich während ich die letzten Äste auf den Haufen legte. "Natürlich nicht!", war die unerwartete Antwort, die ich erhielt. "Das wäre doch langweilig". Ich verstand nicht recht, was an einem prasselnden Feuer langweilig sein sollte. "Wir werden Feuer machen wie früher!", rief sie begeistert, "mit einem Stock und Reisig." Ich seufzte und fragte mich, warum alles immer so umständlich sein musste, wenn es auch so viel einfacher ging. Während ich noch darüber nachdachte, hatte das Mädchen schon einen passenden Stock gefunden und hielt ihn mir hin. "Hier probier's mal!" Wenn ich eins wusste, dann wie man Feuer macht und so war es kein Wunder, dass schon bald eine Flamme aufloderte und den Scheiterhaufen leuchten ließ. Die Flammen spiegelten sich in den großen Augen des Kindes und ließen sie geheimnisvoll leuchten. Die Stimmung gefiel mir und so sagte ich nach einer Weile:" Seit du da bist, bin ich richtig glücklich!" Ein Lächeln umspielte die Lippen meines Gastes, als sie sagte: "Das freut mich, aber was bedeutet für dich Glück?"

Ich dachte eine Weile nach, dann fiel mir ein Lied ein, das meine Mutter mir meine Mutter immer vorgesungen hatte, wenn ich als kleiner Junge traurig war oder Angst hatte. Häufig nahm sie dafür meinen Kopf in ihren Schoß und beugte sich über mich. Damals machte ich mir keine Gedanken darüber, warum sie das tat, heute weiß ich, dass sie es tat um mich im Krieg vor eventuellen Luftangriffen zu schützen und jedes Mal wenn ich daran dachte, bekam ich eine Gänsehaut. Auch wenn sie selbst panische Angst gehabt haben muss, ließ sie sich nichts davon spüren und erzählte mir, dass wir nur zum Singen in den Keller gingen. Ich versuchte mich an den Text des Liedes zu erinnern, um auf die Frage des Mädchens zu antworten. Ich begann leise aber deutlich hörbar zu singen:

"Glück bedeutet Liebe geben

Glück bedeutet frei zu sein

Glück bedeutet nach Träumen streben,

sich zu freuen am Sonnenschein

Glück bedeutet Liebe spüren,

für seine Freunde da zu sein

Glück bedeutet einander führen

glücklich ist man nicht allein

Glück bedeutet Musizieren

laut singen, dass es jeder hört

Glück heißt manchmal protestieren

weil jeder nur sich selbst gehört"

Die alte Melodie und der schöne Text ließen mir Tränen in die Augen steigen, denn ich dachte an meine Mutter. Was würde ich geben, um sie noch einmal zu sehen. In diesem Moment war ich dem Gewitterkind unendlich dankbar. Dankbar dafür, dass es mich an das Lied meiner Mutter erinnert hatte und zugleich schämte ich mich dafür, dass ich es fast vergessen hatte. "Ein wunderschönes Lied". Das Mädchen lächelte. "Aber warum weinst du? Glück ist doch etwas Schönes." Ich versuchte die richtigen Worte zu finden. "Weißt du, Kleines", schluchzte ich, "mir wurde klar, wie sehr ich meine Mutter vermisse und erst jetzt begreife ich, wie sehr sie mich geliebt hat." Das Mädchen sah mich eine Weile nachdenklich an. Als sie anfing zu sprechen, glaubte ich eine gewisse Anerkennung aus ihrer Stimme heraus zu hören. "Das ist eine gute Erkenntnis." Mehr sagte sie nicht. Sie schien auf eine Antwort meinerseits zu warten, also sprach ich." Freilich ist die Erkenntnis gut", fing ich an, "aber sie macht mich immer so unendlich traurig und ich würde am liebsten wieder bei ihr sein, mit dem Kopf in ihrem Schoß liegen und dem Lied lauschen, das sie mit ihrer sanften Stimme in mein Ohr singt." Ich begann zu weinen, wie ein kleines Kind. Mein Gast rückte näher zu mir und legte seine Hand auf meinen Oberschenkel. "Alles zu seiner Zeit", flüsterte sie, "alles zu seiner Zeit." Ich wusste nicht genau, wie sie das meinte, aber ich war zu sehr mit Weinen beschäftigt um nachzufragen. Das Weinen tat mir gut. Es befreite mich. Ich fühlte mich leicht wie schon lange nicht mehr und nach einiger Zeit fand ich die Kraft um zu sprechen: „Weißt du", sagte ich, "seitdem sie weg ist, fehlt ein Stück von mir. Niemand hat mich je so bedingungslos geliebt, wie sie es tat und doch konnte ich ihr viel zu wenig davon zurückgeben, denn damals begriff ich noch nicht wie wertvoll dieses Geschenk ihrerseits war. Irgendwie war es selbstverständlich für mich und ich begriff erst viel später, dass es das ganz und gar nicht war." Das Mädchen nickte bedächtig bevor sie anfing zu sprechen. "Sei nicht so streng mit dir, damals warst du ein kleiner Junge. Du konntest nicht wissen, dass diese Liebe nicht selbstverständlich ist, denn du hast nie etwas anderes erfahren. Außerdem kannst du stolz auf dich sein, denn manche Menschen kommen während ihres gesamten Lebens nicht zu dieser weisen Erkenntnis." Darüber musste ich erst einmal nachdenken. Wenn es stimmte, was die Kleine sagte, dann konnte ich wirklich stolz auf mich sein und das war ich schon lange nicht mehr. Das Mädchen sprach weiter:" Und noch etwas, ich verstehe, dass du traurig wirst, wenn du daran denkst, dass deine Mutter nicht mehr hier ist, aber sag mal, wäre es nicht viel besser anstatt traurig zu sein, dass sie weg ist sich zu freuen, dass sie da war?" So hatte ich das noch nie gesehen. "Wir Menschen neigen dazu, den schlechten Dingen mehr Beachtung zu schenken als den guten aber ich finde das ist falsch, denn die guten Erfahrungen und Erinnerungen schenken uns Freude und Zuversicht für den Rest unseres Lebens, wenn wir nicht immer die schlechten in den Vordergrund stellen." Sie lächelte. "Ich mache dir ein Beispiel. Stell dir vor, du hättest einen Hund gehabt und diesen Hund über alles geliebt. Dann ist er gestorben aber du hast immer noch ein Foto von ihm" .Ich ahnte worauf sie hinaus wollte, unterbrach sie aber nicht. "Du würdest das Foto sicherlich aufbewahren und oft ansehen, aber vermutlich würdest du dabei traurig sein, weil der Hund tot ist, dabei solltest du glücklich sein, weil er einmal gelebt und dir Freude geschenkt hat." Sie machte eine Pause. "Ich finde Glück passiert nicht einfach so. Glück entsteht im Kopf, wenn man lernt die kleinen Dinge im Leben zu sehen, denn in Wahrheit sind sie die großen."

Kapitel 5

Als ich am nächsten Morgen erwachte, war ich froh wie fit und ausgeruht ich mich fühlte. Trotz der kurzen Nacht auf der dünnen Isomatte schien mein Körper nicht zu rebellieren. Gähnend fragte ich mich, was wir wohl heute tun würden. Gewiss hatte das Gewitterkind schon etwas geplant und um ehrlich zu sein freute ich mich darauf. Wie immer war das Mädchen schon vor mir wach und wartete, ein trockenes Brötchen kauend, vor dem Zelt. Das Pferd stand grasend daneben und schien noch halb zu schlafen, ganz im Gegensatz zu meiner kleinen Begleiterin, die mich freudig begrüßte. Bald hielt ich es nicht mehr aus und fragte was der Plan für den heutigen Tag sei. Kauend fragte mich das Mädchen:" Was hast du dir schon immer einmal gewünscht? Also wirklich schon ganz lange, so seit du klein warst oder so." Ich überlegte. Das war doch schon ewig her! "Schreib mir eine Liste mit all diesen Dingen, egal wie unrealistisch oder kindisch sie dir vorkommen." Mit diesen Worten stapfte sie in Richtung Wald davon. Einen Zettel und einen Stift hatte sie mir da gelassen. Ich nahm beides, setzte mich an die Klippe und dachte nach, bevor ich schrieb. Als erstes fiel mir der Marathon ein. Als kleiner Junge wollte ich immer bei einem Marathon mitlaufen, genau wie mein Vater es tat. Also schrieb ich in der zittrigen Schrift eines alten Mannes: „Marathon"

Ich dachte weiter nach und bald flog der Stift förmlich über das Papier. All die in Vergessenheit geratenen Kindheitsträume in mir wurden nun wieder geweckt. Flugzeug fliegen, Bungee springen, Schwimmen lernen (diesen Punkt schrieb ich zögerlich, denn es war mir unangenehm, dass ich das in meinem Alter noch nicht konnte.) Dann ging es ohne Pause weiter: Den Eifelturm besteigen, Achterbahn fahren. All diese unerfüllten Wünsche vertraute ich nun dem Papier und somit dem Kind an. In eine Disco gehen, auf einer großen Bühne stehen, die Welt ein Stückchen besser machen, eine echte Pyramide sehen, etwas Verbotenes tun (nichts Schlimmes versteht sich, aber ich hatte mich mein Leben lang an Regeln gehalten und ich wüsste nur zu gerne was passierte, wenn ich das nicht tat.) Und zu guter Letzt schrieb ich: den Sinn des Lebens finden. Als ich die Liste reichlich stolz dem Mädchen überreichte, studierte dieses sie gründlich und nickte anerkennend. "Wow, das ist mehr als ich dachte", gestand sie nun. "Wir sollten uns beeilen, die Zeit ist kein schwacher Gegner." Ich war verwirrt. Ich wusste nicht über was ich zuerst nachdenken sollte also beschloss ich, meine Gedanken der Reihe nach zu ordnen und fing mit jenen an, die sich auf den ersten Teil des Satzes bezogen: Wir sollten uns beeilen. Sollte das etwa heißen, dass dieses Kind vorhatte diese ganzen Dinge noch zu erledigen? Das konnte nicht ihr Ernst sein. Entweder sie hatte tatsächlich vergessen wie alt ich bin oder sie war einfach völlig übergeschnappt. Gut der erste Teil des Satzes war also geklärt. Ich widmete mich nun dem zweiten. Die Zeit ist kein schwacher Gegner. Was konnte damit gemeint sein? Auf diese Frage fand ich keine so klare Antwort wie auf die erste. Wieso sollte die Zeit ein Gegner sein? Ausgerechnet die Zeit, welche ein jedem schon so viel gegeben hat.... Ich erwischte mich selbst dabei wie ich mich in wirre Gedankengänge verstrickte und rief mich zur Vernunft. Da sie offensichtlich nicht in der Lage war eigenständig zu denken beschloss ich sie darüber aufzuklären dass all diese Dinge in meinem Alter nicht mehr möglich waren und ohnehin nur kopflose Träumereien, die niemals wirklich werden würden. Als ich das gesagt hatte, sah die Kleine mich bestürzt an. "Aber was redest du denn da?" Ihre Stimme bebte vor Aufregung. "Du kannst das alles schaffen! Ganz sicher! Du musst es nur wollen." Die hatte gut reden. Ihre Gelenke waren noch jung und die ganzen Wehwehchen, die das Alter mit sich bringt, waren ihr völlig fremd. Trotzdem sagte mir etwas in ihrer Stimme, dass sie genau wusste, was sie da sagte und es trotzdem mit reinem Gewissen und vollster Überzeugung tat, weil dieses Mädchen wirklich der Überzeugung war, dass die reine Willenskraft Berge versetzen kann. Sie glaubte an mich und erwartete von mir, dass ich dasselbe tat. Ich weiß nicht genau wieso, aber irgendwie hatte ich dieses kleine Wesen in mein Herz geschlossen und wollte es keinesfalls enttäuschen also fragte ich: "Nun gut.... angenommen ich könnte all das schaffen (im Kopf fügte ich "was ich nicht glaube" hinzu, sagte es allerdings nicht laut), womit möchtest du beginnen?" Sofort hellte sich die Miene des Kindes auf und die Stimme sprudelte wie ein Wasserfall aus ihr hinaus. "Also zuerst würde ich den Marathon nehmen. Morgen früh findet im Dorf einer statt und..." "Morgen früh?!", ich fiel ihr entsetzt ins Wort. "Wie sollen wir das denn schaffen? Es ist schon beinahe Mittag und der Weg ins Dorf ist weit." Sie schien meine Bedenken in keinster Weise zu verstehen, denn sie antwortete in fröhlicher Stimme:" Dann sollten wir uns beeilen und losgehen, denn du weißt ja die Zeit ist kein leichter Gegner." Ich verstand immer noch nicht, was sie damit meinte, aber ich hatte auch nicht wirklich Zeit darüber nachzudenken ,denn kaum war das Kind fertig mit Sprechen fing es an alles zusammen zu packen und bald begaben wir uns auf den Weg ins Dorf. Der Weg war steil und steinig und bald schon konnte ich nicht mehr. "Lass uns eine Pause machen" ,keuchte ich und setzte mich auf einen Stein. Die Kleine sah mich nachdenklich an. "Für eine Pause haben wir keine Zeit", sagte sie dann. "Du könntest aber das Pferd fragen, ob es bereit wäre dich ein Stück zu tragen." Ich war nicht sicher, was ich von dieser Idee halten sollte, denn zum einen war ich noch nie in meinem Leben geritten und zum anderen war es mir ein Rätsel wie ich ein Pferd etwas fragen sollte, es würde mich doch eh nicht verstehen. Ich sah vom friedlich grasenden Pferd zum Gewitterkind und wieder zurück. Dann räusperte ich mich: "Ähm... liebes Pferd (wieso zum Teufel hat das Vieh keinen Namen?!) Wärst du so freundlich mich ein Stück zu tragen? Weißt du meine alten Knochen..." Weiter kam ich nicht, denn das Mädchen neben mir krümmte sich vor Lachen. Ich fühlte mich ein wenig veralbert, denn schließlich war sie es gewesen, die mir diese Absurdheit vorgeschlagen hat. Ich war nur darauf eingegangen, weil meine schmerzenden Gelenke mich dazu gezwungen hatten. Als sie sich ein wenig beruhigt hatte, prustete sie, immer noch von Lachen geschüttelt:" Aber doch nicht so! Wie soll es das denn verstehen? Tiere brauchen keine Worte um sich zu verständigen, sie sind nämlich in einiger Hinsicht deutlich schlauer als wir. Während wir uns nur mit Leuten verständigen können, die dieselbe Sprache sprechen wie wir könnten die Tiere sich, wenn sie fremd in einem Land wären, trotzdem mit ihren Artgenossen verständigen. Sie benutzen etwas viel schlaueres als Worte. Sie verwenden

Körpersprache. Also probier's nochmal!" Ich dachte einen Moment nach und da mir nichts Besseres einfiel tippte ich dem Pferd auf die Schulter damit es mich ansah zeigte dann zuerst auf mich und anschließend auf den Rücken des Pferdes. Wieder ertönte lautes Gelächter und allmählich wurde ich sauer. Trotzdem war nun mein Ehrgeiz geweckt und ich startete noch einen Versuch. Diesmal hatte ich sogar eine Idee. Ich nahm einen Zipfel der üppigen Pferdemähne in die Hand und ging zögerlich los. Das gutmütige Tier folgte sofort. Ich stellte mich auf den nächstbesten Felsen und auf einmal schien das Pferd zu begreifen, denn es drehte mir seinen breiten Rücken zu und ließ mich aufsitzen. Zunächst war ich etwas unsicher, denn wie gesagt, war ich noch nie zuvor geritten, aber schon bald merkte ich, dass das Tier seine Aufgabe sehr gut kannte und ich ihm vertrauen konnte und so setzten wir unsere Reise zügig fort. Zu meinem großen Erstaunen fing es gerade erst an zu dämmern, als wir das Dorf erreichten, dabei war ich mir so sicher gewesen, dass wir mindestens einen kompletten Tag brauchen würden.... naja im Prinzip war ich einfach nur froh darüber, denn mein Po schmerzte allmählich von dem langen Ritt. "Wo werden wir heute Nacht schlafen?" Mir fiel spontan nur ein einziger Gasthof im ganzen Dorf ein und der fiel weg, da Kinder ausdrücklich nicht erwünscht waren und die Gastwirtin eine starke Tierhaarallergie hatte. Von einem Pferd im Vorgarten wäre sie demnach wohl eher weniger begeistert... "Im Zelt wie letzte Nacht auch",antwortete das Kind beiläufig. Naja die Sache mit dem Zelt ist ja schön und gut, dachte ich aber wo plante sie mitten im Dorf ein Zelt aufzustellen? Ich beschloss mich überraschen zu lassen, denn

ich wusste, dass ich in dieser Hinsicht so oder so kein gro-
ßes Mitspracherecht hatte. Ich folgte dem Mädchen wort-
los. Als wir uns aber immer mehr und mehr dem Markt-
platz näherten, wurde ich allmählich unruhig. Sie wollte
doch nicht etwa....Ich traute mich nicht den Gedanken zu
Ende zu denken, doch es dauerte nur ein paar Minuten bis
sich herausstellte, dass meine Befürchtungen mehr als be-
rechtigt waren. Mitten auf dem Marktplatz blieb das Kind
stehen und fing an unser Zelt aufzuschlagen. "Aber das
geht doch nicht!",rief ich entrüstet aus. "Ein Zelt mitten auf
dem Marktplatz!" Mal wieder zweifelte ich am logischen
Verstand des Kindes. "Warum denn nicht?",fragte sie. Ihre
Stimme klang unbekümmert wie fast immer. "Die ganzen
Gemüsehändler dürfen das doch auch." Ich stieß einen ver-
zweifelten Seufzer aus und schaute hilfesuchend zu dem
Pferd von dem ich soeben abgestiegen war. Natürlich, wie
hätte es auch anders sein sollen schien es jedoch nicht im
Geringsten zu verstehen´, wo mein Problem lag, denn auf
der Mitte des Marktplatzes befand sich zu seiner großen
Freude eine Grünfläche mit saftigem Gras und Gänseblüm-
chen. Mal wieder spürte ich, dass ich verloren hatte, doch
noch wollte ich nicht aufgeben also startete ich einen letz-
ten Versuch. "Aber Kind", fing ich an, "das ist doch etwas
völlig anderes. Diese Menschen schlafen nicht hier, son-
dern verkaufen hier ihr Gemüse, Obst oder was auch im-
mer. Damit tun sie etwas für die Allgemeinheit und außer-
dem zahlen sie Miete für ihren Stand. Aber man kann wirk-
lich nicht einfach auf dem Marktplatz zelten. Das verstößt
gegen die Regeln." Ich war beeindruckt von meiner eigenen
Rede und umso härter traf mich die Antwort. "Wo steht
das?" Sie sah mich erwartungsvoll an und ich musste klein-

laut zugeben, dass ich es nicht wusste. Ohne ein weiteres Wort darüber zu verlieren, schlugen wir also unser Zelt auf, während sich in meinem Kopf die wildesten Szenen abspielten. Polizisten, die uns verhaften, Anwohner, die uns beschimpfen und Kinder, die mit Eiern nach uns werfen. Das alles ging mir durch den Kopf und langsam fragte ich mich, ob ich einfach zu ängstlich war, denn das abenteuerlustige Kind schien meine Bedenken nicht im Geringsten zu teilen. Sobald wir das Zelt aufgeschlagen hatten, legten wir uns auf die Isomatten um fit für den morgigen Tag zu sein und zu meinem großen Erstaunen schlief ich fast sofort ein.

Kapitel 6

"Aufstehen, aufstehen! Dein großer Tag steht an!" Als ich die Augen öffnete war es noch nicht richtig hell im Zelt. Daraus schloss ich, dass es noch sehr früh am Morgen war. Trotzdem sprang das Kind wild im Zelt herum und versuchte mich zum Aufstehen zu überreden. Meine Begeisterung hielt sich in Grenzen. Seufzend drehte ich mich auf die andere Seite und zog die Decke über den Kopf. Keine gute Idee wie sich schnell herausstellte, denn das Mädchen riss mir die Decke vom Körper und goss mir ein Glas Wasser über den Kopf. Na danke dachte ich. Der Tag fängt ja gut an. Was hätte ich in diesem Moment dafür gegeben Zuhause in meinem schönen warmen kuscheligen und vor allem trockenen Bett zu liegen und weiter in meinen Träumen zu schwelgen. "Paul! Beeile dich, wir müssen bald los!" Mühsam setzte ich mich in meinem Lager auf und fragte mich wie zum Teufel ich dazu gekommen war mich auf so eine hirnrissige Aktion einzulassen. In meinem Alter einen Marathon laufen, das war doch lächerlich! Ich sah schon die Schlagzeilen vor mir: wahnsinniger 79 jähriger erleidet Herzinfarkt bei dem kuriosen Versuch einen Marathon zu laufen. So oder ähnlich könnte sie lauten und darauf hatte ich ehrlich gesagt herzlich wenig Lust. Wie ihr vielleicht im Laufe dieses Buches schon gemerkt habt bin ich kein großes Schauspieltalent und so durchschaute das Kind meine Gedanken schnell. "Du brauchst dir keine Sorgen zu machen",sagte es nun, "du schaffst das, das weiß ich ganz sicher!" Ich schaute es zweifelnd an. "Und was macht dich da so sicher?" Ich war nach wie vor skeptisch. "Ich weiß es einfach", erwiderte das Kind und sein Blick sagte mir, dass es keinen Widerspruch duldete. Verflixt! Wieso hatte dieses Mädchen mich so sehr im Griff? Wie dem auch sei, ich fügte mich meinem Schicksal und erhob mich, betont langsam und trat zum Zelt hinaus. Ich wunderte mich, denn obwohl wir mitten auf dem Marktplatz standen, war niemand außer uns zu sehen. "Och das ist aber bedauerlich" ,sagte ich hörbar ironisch. "Du hast dich wohl im Tag geirrt." Und ich spürte einen leisen Triumph in mir aufsteigen. Leider hatte ich mich zu früh gefreut. "Nein, nein", sagte das Mädchen ohne auf die Ironie in meinen Worten einzugehen. "Der Start befindet sich zwei Straßen weiter." Verdammt. Ohne ein weiteres Wort liefen wir nebeneinander die Straße entlang. Das Zelt ließen wir einfach stehen. Als wir um die nächste Ecke bogen, vernahm ich bereits ein Stimmengewirr, das vermuten ließ, dass ein paar mehr Leute dort waren ,als ich vermutet hatte. Als wir allerdings in die Straße kamen, wo der Marathon starten sollte, traute ich meinen Augen (und Ohren) nicht. Am Ende der Straße sah ich ein Zelt, an dem ein Schild mit der Aufschrift "Anmeldung" hing. Davor stand eine so lange Schlange, dass ich mich fragte, ob ich jemals so viele Menschen auf einem Fleck gesehen hatte. Wir stellten uns an und während wir da so standen und warteten betrachtete ich die anderen Menschen in der Schlange, allesamt sahen sie äußerst durchtrainiert aus und mich beschlich ein Gefühl der Scham, welches nicht gerade besser wurde als ich bemerkte, dass das Pferd uns gefolgt war. Nervös biss ich mir auf die Unterlippe. Was die Leute nur denken mussten...ein kleines Kind, ein alter Mann und ein Pferd in der Warteschlange für einen Marathon. Es war so paradox, dass es schon fast wieder komisch hätte sein können, wenn ich nicht der Protagonist dieser Situation wäre. Da ich das aber nun einmal leider war wäre ich am liebsten im Erdboden versunken doch so sehr ich auch hoffte und bat, der Boden unter meinen Füßen blieb hart wie Beton. "Der Nächste, bitte!" Wir waren am vorderen Ende der Schlange angelangt. Der Mann, der lässig auf der Kante des Anmeldetisches saß, musterte uns von oben bis unten und ein Lächeln umspielte seine Lippen. Dann räusperte er sich und sagte: „Tut mir leid junge Dame, dieser Marathon ist erst für Läufer ab 18 Jahren. Der Junior Marathon findet in zwei Wochen statt." Selbstverständlich war er davon ausgegangen, dass das Gewitterkind am Marathon teilnehmen wollte und ich nur die Begleitung war. Das Pferd ignorierte er glücklicherweise gänzlich. Ich räusperte mich. "Werter Herr, ich glaube, ich habe das Mindestalter bereits erreicht. Schon mehrmals um genau zu sein." Dem Mann am Tisch entglitten die Gesichtszüge und hinter uns ging ein Raunen durch die Reihe. Nachdem er sich wieder etwas gefasst hatte, begann der Mann etwas unsicher zu sprechen. " Ich.... ähm .... will ihnen wirklich nicht zu nahe treten, bitte verstehen sie mich nicht falsch aber..... ähm..... meinen sie nicht, dass sie ein bisschen... naja wie soll ich sagen...." Die Situation war ihm sichtlich unangenehm also beendete ich den Satz für ihn. "Zu alt für einen Marathon sind? Sicherlich. Dennoch würde ich es gerne probieren oder gibt es auch ein Höchstalter?" Ich lächelte künstlich und schaute den Herrn erwartungsvoll an. Er überreichte mir meine Startnummer und stammelte irgendetwas wie "viel Erfolg" oder so ähnlich. Wir begaben uns an die Startlinie und da wir zu den letzten gehörten, die sich angemeldet hatten, ging es schon bald los. Ein leicht dicklicher Mann, der sich später als der Bürgermeister entpuppte hielt eine kurze Rede und erklärte ausführlich, wie geehrt er sich fühlte, weil er diesen Marathon eröffnen dürfe. Ich fragte mich ob er das nur sagte, weil er es sagen musste oder ob es tatsächlich stimmte. Ich persönlich könnte mir nämlich besseres vorstellen als in aller Hergottsfrühe aufzustehen um einen Marathon zu eröffnen. Die meisten Leute schienen das allerdings anders zu sehen, denn das ganze Dorf (und vermutlich auch sämtliche Nachbardörfer) schien auf den Beinen zu sein um die Läufer anzufeuern. Das Gewitterkind wollte mich auch anfeuern und hatte sich in die Menschenmenge begeben. Damit es besser sehen konnte, hatte es sich auf sein Pferd gesetzt. Als der Startschuss fiel spurteten alle Läufer los. Jeder wollte sich einen Platz an der Spitze sichern. Jeder außer mir. Da ich wusste, dass ich sowieso keine Chance hatte dieses Rennen zu gewinnen, ließ ich die Sache ruhig angehen. Im Spaziertempo folgte ich den anderen Läufern. Die Zuschauer fanden das wohl recht amüsant, denn sie lächelten und versuchten mich mit netten Worten zu ermutigen. Nach etwa fünf Stunden wurde über die Lautsprecher verkündet, dass sich die ersten Läufer bereits im Ziel befänden. Ich hingegen befand mich noch immer auf dem ersten Drittel der Strecke. Zu meiner großen Verwunderung schien das die Menschenmenge am Rand der Strecke nicht im Geringsten zu stören. Im Gegenteil, sie feuerten mich an und ein kleines Mädchen brachte mir eine Flasche Wasser und einen Keks. Lächelnd nahm ich beides entgegen und setzte meinen Marsch gestärkt fort. Nach weiteren sieben Stunden konnte ich das Ziel sehen und ich traute meinen Augen nicht. Die Leute jubelten und klatschten, als sie mich sahen, einige von ihnen hatten

Pappschilder mit meinem Namen und Aufschriften wie "Du schaffst das!" und "weiter so!" gebastelt. Das Gewitterkind stand inzwischen auf dem Rücken seines Pferdes und feuerte mich, so laut es konnte, an. Als ich das alles sah, konnte ich nicht anders. Ich nahm alle meine Kraft zusammen und lief los. Obwohl meine Lunge schon nach wenigen Metern brannte und meine Beine schmerzten, rannte ich weiter. Ich rannte und rannte bis ich die Ziellinie überschritt und von der jubelnden Menge umschlossen wurde. Alle gratulierten mir und ich wusste gar nicht wie mir geschah. Schließlich hatte ich doch verloren! Die Menschenmenge jedoch feierte mich wie einen Sieger. Es war mir unbegreiflich. Als sich der Trubel ein wenig gelegt hatte, eröffnete der Bürgermeister die Siegerehrung. Die ersten drei Plätze wurden vergeben, der Jubel war groß. Danach kam etwas, mit dem ich nie gerechnet hätte. Der Bürgermeister bat erneut um Ruhe, dann fing er an zu sprechen: „Liebe Anwesende, liebe Läufer, liebe Zuschauer! Heute haben wir noch einen Sonderpreis zu vergeben, für den Mut und die Ausdauer das Unmögliche zu versuchen. Wer diesen Preis gewonnen hat? Sie können es sich alle denken! Es ist..." Bevor er den Namen aussprechen konnte, wurde ich von den Leuten um mich herum hoch gehoben und unter großem Gejubel auf die Bühne getragen. Ich protestierte, schließlich musste es sich um einen Irrtum handeln, aber der Bürgermeister bedankte sich herzlich bei den Leuten, gratulierte mir und drückte mir eine Flasche Sekt in die Hand. Ich war sprachlos vor Verwunderung. Auf einmal zuppelte etwas an meinem Hosenbein. Als ich nach unten blickte, stand dort die kleine Tochter des Bürgermeisters und bat mich zu ihr herunterzukommen. Ich kniete mich vor das Kind und konnte die Freudentränen nicht mehr zurückhalten, als es mir einen selbst geflochtenen Blumenkranz auf den Kopf legte. Das Publikum applaudierte und pfiff.

An diesem Tag begriff ich zwei wichtige Dinge. Das erste war, dass man alles schaffen kann, wenn man nur an sich glaubt und es mit aller Kraft versucht und das zweite war die Erkenntnis, dass man nicht gewinnen muss um ein Sieger zu sein.

Kapitel 7

Nach dem Marathon hatten wir (diesmal sogar mit ausdrücklicher Genehmigung des Bürgermeisters) noch eine weitere Nacht auf dem Marktplatz verbracht und waren nun damit beschäftigt unser Zelt abzubauen und unsere Sachen zusammenzupacken. Nachdem wir eine Weile schweigend gearbeitet hatten, kam das Gewitterkind zu mir, um mir unsere weiteren Pläne zu erklären. Die nächsten beiden Punkte waren Flugzeug fliegen und eine Pyramide sehen. Diese beiden Wünsche ließen sich nämlich außerordentlich gut miteinander verbinden. So kam es also, dass wir schon bald mit all unseren Sachen in einem Reisebüro saßen und den nächsten Flug nach Ägypten buchten. Im Laufe der Jahre hatte ich genug Geld angespart, um die Reise zu finanzieren und wir konnten schon am nächsten Morgen starten. Bereits am selben Abend befanden wir uns am Flughafen und checkten ein. Ich war so aufgeregt, dass ich gar nicht still sitzen konnte. Andauernd stand ich auf und lief im Flughafengebäude umher. Ich konnte den nächsten Morgen kaum erwarten. Als meine Beine anfingen zu schmerzen, setzte ich mich zum Gewitterkind auf eine Bank und beobachtete die Menschen um uns herum. Ich sah junge Leute, alte Leute, Männer, Frauen, Kinder, Menschen, die alleine reisten, kleine Familien und ganze Reisegruppen. Natürlich ist das an einem Flughafen völlig normal , aber eine Sache fiel mir auf. Niemand schien sich wirklich auf den Flug zu freuen. Die meisten Leute wirkten gestresst oder müde und sehnten sich schon jetzt ihrer Ankunft entgegen. Nur die Kinder schienen aufgeregt zu sein. Sie beobachteten aus dem Fenster die startenden Flieger und wenn gerade kein Flieger startete oder landete taten sie eben so, als wären sie selber einer. Den Eltern schien das auf die Nerven zu gehen aber ich verstand die Kinder. Schließlich flog man ja nicht alle Tage und wenn man bedachte, dass ein mehrere Tonnen schwerer Koloss aus Stahl sich einfach so in die Lüfte erhob war das schier unglaublich! Die meisten Menschen allerdings schienen das als völlig selbstverständlich zu empfinden. Sie lasen Zeitungen oder tippten auf ihren Smartphones herum. Mir hingegen wurde es richtig warm ums Herz, als ich die Kinder betrachtete. Völlig sorglos zogen sie mit ausgebreiteten Armen und motorenähnlichen Geräuschen ihre Bahnen durch den Flughafen. Sie genossen den Augenblick wie er war anstatt darauf zu warten, dass ein besserer eintrat. Das faszinierte mich und ich beschloss mir ein Beispiel an ihnen zu nehmen. Ich stand auf und schloss die Augen. Ich konzentrierte mich mit aller Kraft und als ich sie wieder öffnete, hatte sich das Flughafengebäude um mich herum in eine wundervolle Wolkenlandschaft verwandelt. Ich war ein Flugzeug, das mit seinen mächtigen Tragflächen durch dem Himmel glitt. Um mich herum flogen viele kleine Flugzeuge und wir begannen Fangen zu spielen. Wir schossen durch die Wolkendecken, drehten Pirouetten und Kreise. Ich fühlte mich frei. Unglaublich frei. Langsam begann mein Tank sich zu leeren und ich setzte zur Landung an. Ich schloss die Augen erneut, öffnete sie wieder und war zurück im Flughafengebäude. Eine Schar von Kindern umringte mich. Eine fröhliche Meute, die begeistert von unserem Spiel war und in mir stieg eine Freude auf, wie ich sie seit Jahren nicht mehr gespürt hatte. Ich betrachtete die Kinder um mich herum und mir wurde klar, dass sie etwas konnten, was uns Erwachsenen unglaublich schwerfiel. Sie konnten den Moment genießen ohne an gestern und morgen zu denken. Sie konnten jederzeit eine eigene kleine Welt erfinden in der einfach alles perfekt war. Sie lebten inmitten von Träumen und Fantasie und einer unglaublichen Abenteuerlust, die keiner zu stillen vermochte. Ihnen war es egal was andere Leute dachten. Wichtig war nur der Augenblick und das er perfekt war. War er das nicht, wurde er perfekt gemacht. Für einen Moment war ich wieder ein kleiner Junge gewesen, der alles loslässt und durch die Wolken fliegt und mir wurde klar dass man nie, einfach nie im Leben zu alt ist um im Herzen ein Kind zu sein. Das einzige was man dazu braucht ist der Mut sich der Masse entgegen zu stellen und auf das zu hören, was man selber will. Obwohl wir den Flieger noch nicht einmal betreten hatten, spürte ich, dass ich etwas unglaublich Tolles erreicht hatte. Ich hatte das Kind in mir wieder entdeckt und an diesem Abend beschloss ich, dass ich es nie mehr gehen lassen würde. Es sollte immer ein Teil von mir sein und meine Welt ein bisschen bunter machen.

Kapitel 8

Trotz der ganzen Aufregung und Freude hatte ich in dieser Nacht ein paar Stunden auf einer Bank geschlafen und wie gewöhnlich weckte mich das Gewitterkind in der Frühe. "Paul! Aufstehen! Gleich geht es los in die Lüfte!" Und sie machte motorenähnliche Geräusche, breitete die Arme aus und sprang lachend von der Bank. Ich musste grinsen denn zwischen all ihren so erwachsenen Fragen vergaß ich manchmal, dass auch sie noch ein Kind war. In diesem Moment wurde es mir auf eine wunderschöne Art und Weise wieder bewusst. Jetzt griff sie nach meiner Hand und zog mich zum Terminal drei wo unser Flieger starten sollte. Nachdem wir gefühlte drei Stunden angestanden und dann die nötigen Formalien erledigt hatten wurden wir weiter zur Sicherheitskontrolle geschickt. Es fühlte sich lustig an mit einem Metalldetektor untersucht zu werden und immer wenn das Gerät piepte, piepten das Gewitterkind und ich auch. Ich konnte es mir einfach nicht verkneifen. Es war einfach zu komisch. Der Sicherheitsbeamte sah das etwas anders und fragte mich nachdem ich das fünfte Mal gepiept hatte ob ich Rauschmittel konsumiert hätte. "Drogen sind was für Anfänger! Ich zieh mir das Leben rein!" Ich weiß nicht wieso ich das sagte und wieso ich fast vor Lachen zusammenbrach aber es kam einfach so über mich und ich versuchte nicht es zu verhindern, denn es machte Spaß. Wieder war der Sicherheitsbeamte nicht ganz meiner Meinung und ich musste mich einem Drogen- und Alkoholtest unterziehen. Natürlich war er negativ. Das Gewitterkind stand grinsend daneben und beteuerte wahrheitsgemäß , dass diese ganzen Tests völlig überflüssig seien und ich einfach nur gute Laune habe. Obwohl alle Tests negativ waren, wurden wir persönlich an eine Stewardess "übergeben". Der Sicherheitsbeamte musterte uns noch einmal von oben bis unten dann wandte er sich an die Stewardess und raunte ihr zu: „Pass gut auf die auf, ich glaube der Alte ist nicht mehr ganz richtig im Kopf, wenn du weißt, was ich meine." Ich verstand jedes Wort aber das ließ ich mir nicht anmerken. Ich grinste in mich hinein und freute mich weiterhin auf den Flug. Wenige Minuten später saßen wir im Flieger auf unseren Plätzen und erwarteten sehnsüchtig den Start des Flugzeugs. Während wir da so saßen, sah ich mich im Flieger um und entdeckte einige der Kinder mit denen ich am Flughafen gespielt hatte. Sie hatten mich ebenfalls bereits gesehen und winkten mir lachend zu. Alle erwarteten wir sehnsüchtig den Start und als wir in Richtung Startbahn losrollten war die Begeisterung der Kinder nicht mehr zu überhören. Ich schmunzelte, denn ich hatte eine Idee. Ich wusste, dass der Rest der Passagiere mich für verrückt halten würde aber das war mir egal. Als wir die Startbahn erreicht hatten und deutlich an Geschwindigkeit zulegten begann ich so laut ich konnte zu zählen: "10! 9!" Die Kinder stimmten begeistert mit ein "8! 7!" Sogar einige Mütter und Väter machten mit. "6! 5!" Die Stewardess versuchte mit der Begrüßung der Passagiere zu beginnen aber keiner hörte ihr zu. "5! 4!" Ein mildes Lächeln umspielte ihre Lippen, als auch sie anfing mitzusprechen.3 "2! 1!" Das Flugzeug war bereits bei 2 vom Boden abgehoben, aber das schien niemanden zu stören. Bei null verfielen alle in einen Jubel und schauten aus den Fenstern. Auch ich schaute aus dem Fenster und war glücklich. Eine Weile saß ich still auf meinem Platz und genoss die Aussicht. Die Aussicht war großartig, trotzdem wurde mir das nach einiger Zeit langweilig und weil es schade wäre sich auf einem so aufregenden Ereignis zu langweilen begann ich die Kinder im Flugzeug zu zählen. Alle schauten mich erwartungsvoll an. Selbst der große Junge mit dem Smartphone und den Kopfhörern schien gespannt zu sein, was nun geschah. Es waren zweiunddreißig Kinder. Mit diesen Wissen ging ich zur Stewardess und sprach sie an: "Entschuldigen Sie bitte?" Ich fragte so unschuldig wie möglich. "Sie verkaufen hier doch sicherlich Essen und Getränke, oder?" Die junge Frau lächelte mich an. "Selbstverständlich, was darf ich ihnen bringen?" Ich überlegte kurz dann fragte ob sie Eis habe. "Ja, Eis haben wir auch. Soll ich ihnen die Karte bringen?" Ich lehnte ab, denn das war nicht nötig. Mit einem breiten Grinsen im Gesicht bestellte ich vierunddreißig bunte Wassereis. Die Dame verstand sofort und schüttelte ebenfalls grinsend den Kopf, während sie in die Küche verschwand. Als sie zurückkam, hielt sie einen Schuhkarton voller Wassereis in den Händen. Nachdem ich bezahlt hatte, überreichte sie mir den Karton mit den Worten: "Sie sollten sich dringend Enkelkinder zulegen!" Dann verschwand sie mit einem Zwinkern im Cockpit. Das Gewitterkind und ich hingegen zogen schon durch die Reihen und verschenkten das Eis. Die Kinder freuten sich riesig und auch die meisten Eltern bedankten sich recht herzlich bei uns. Am Schluss blieben zwei Eis übrig. Eins für das Gewitterkind und eins für mich. Obwohl das Eis logischerweise kalt war, breitete sich in mir eine wohlige Wärme aus. Es war ein tolles Gefühl andere Leute glücklich zu machen. Den restlichen Flug verhielt ich mich unauffällig. Nur ab und zu schnitt ich eine Grimasse, wenn die Kinder damit anfingen oder warf ein Kuscheltier zurück, das in hohem Bogen auf meinem Schoß landete. Als wir zur Landung ansetzten, war ich überrascht wie schnell die Zeit vergangen war. Es fühlte sich an, als wären wir erst vor ein paar Minuten eingestiegen. Nachdem wir gelandet waren, ging ich noch einmal durch die Reihen und verabschiedete mich nacheinander von jedem Kind. Der große Junge mit den Kopfhörern gab mir Five und als ich mich vor einem kleinen Mädchen mit Prinzessinenkrone niederkniete um ihr einen Handkuss zu geben, lächelte mir eine große Zahnlücke entgegen. Zuletzt kam ich ganz hinten bei den Zwillingen Finn und Sophia an und ich war zu Tränen gerührt, als sie mir ein Bild schenkten, das sie extra für mich gemalt hatten. "Für dich", sagte Sophia und Finn ergänzte: "Weil das die erste Urlaubsreise war, auf der wir uns nicht gelangweilt haben." Das war einfach zu süß. Ich umarmte die beiden und stieg mit dem Gewitterkind aus dem Flieger. Wieder war ich um eine Erkenntnis reicher. Denn ich wusste, dass es einen glücklich machte, wenn man andere Menschen glücklich machte und dass das Lächeln eines Kindes ehrlicher und wertvoller war als alles Geld der Welt.

Kapitel 9

Als wir das Flughafengebäude in Kairo verließen, hatte ich
das Gefühl, ich laufe gegen eine Wand. Es war so heiß, dass
man die Luft flimmern sah und einem nur vom Dastehen
der Schweiß von der Stirn perlte. Ich schaute mich um und
erblickte einen roten Reisebus auf dem eine große Pyrami-
de und die Aufschrift "Touristik Express" zu sehen war.
Das klang gut. Schließlich waren wir Touristen, die eine
Pyramide sehe wollten. Das Gewitterkind war ganz meiner
Meinung und so standen wir bald vor dem Bus und spra-
chen mit dem Busfahrer. Naja sprechen ist vielleicht das
falsche Wort, wenn keiner die Sprache des anderen be-
herrscht. Vielmehr verständigten wir uns mit Händen und
Füßen. Schließlich saßen wir in dem roten Bus, der sich
allmählich mit lauter Japanern mit Fotoapparaten füllte
und fühlten uns ein wenig fehl am Platze. Nicht zuletzt,
weil wir dauernd fotografiert wurden. Vermutlich hielt
man uns für Ägypter und von denen brauchte man natür-
lich ein Foto. Ich beschloss mich nicht weiter an dem Blitz-
lichtgewitter im Bus zu stören und schaute aus dem Fens-
ter. Es war wie in einem Bilderbuch. Der Nil zog schlän-
gelnd seine Bahn und ganz hinten am Horizont ragten die
Pyramiden in dem Himmel. Die Fahrt mit dem Bus war
lang aber sie lohnte sich, denn als wir aus der Bustür tra-
ten, kamen wir aus dem Staunen nicht mehr heraus. Direkt
vor uns stand das größte Bauwerk, dass ich in meinem Le-
ben je gesehen hatte. Ich wusste ja, dass Pyramiden riesig
waren, aber so riesig hatte ich sie nicht erwartet. Mit offe-
nem Mund starrte ich nach oben. Plötzlich tippte mir je-
mand auf die Schulter. Vor lauter Staunen hatte ich verges-

sen, dass ich noch immer in der Bustür stand. Die Leute hinter mir wurden langsam ungeduldig und ich gab den Weg schnellstmöglich frei. Kaum waren wir alle ausgestiegen, kam auch schon ein Mann auf uns zu und bedeutete uns ihm zu folgen. Er sagte etwas auf Japanisch, das wir natürlich nicht verstanden, aber das störte uns nicht sonderlich. Hauptsache er zeigt uns diese Pyramide und das tat er tatsächlich. Er führte uns durch enge dunkle Gänge und an riesigen Wandgemälden vorbei. Ehrfürchtig strich ich mit dem Finger über eine Wand und spürte den Staub auf meinen Fingern. Plötzlich stand der japanische Reiseführer hinter mir und sagte etwas mit erregter Stimme. Ich verstand es zwar nicht, aber ich entnahm seinen Gesten und der Stimmlage, dass man die Wände wohl nicht berühren sollte. Schade. Eine Weile gingen das Gewitterkind und ich schweigend nebeneinander her und staunten. Auf einmal durchfuhr es mich wie ein Blitz und ich sprach den Gedanken laut aus:" Wie zum Teufel haben die Leute das früher gemacht?" Das Gewitterkind sah mich fragend an. "Was?" "Na, das alles hier! Die hatten ja nicht mal einen Kran!" Das Gewitterkind dachte eine Weile nach, dann lächelte es und sagte:

" Einen Kran hatten sie vielleicht nicht. Dafür hatten sie etwas viel besseres. Sie hatten den Willen alles zu tun, was in ihrer Macht steht und sie hatten Teamgeist. Wenn man diese beiden Voraussetzungen erfüllt, kann man beinahe alles schaffen."

Kapitel 10

Da wir nur nach Ägypten gekommen waren, um eine Pyramide zu sehen und das bereits geschafft hatten , beschlossen wir bald unsere Reise fortzusetzen, denn wir waren uns ziemlich einig darüber, dass es uns in Ägypten viel zu heiß war. Nun wollten wir nach Paris um den Eiffelturm zu besteigen, soweit der Plan. Allerdings ist es nicht so einfach in einem Land, dessen Sprache man nicht einmal ansatzweise beherrscht, zurück zum Flughafen zu gelangen, vor allem weil es hier offensichtlich keine öffentlichen Verkehrsmittel gab (oder zumindest fanden wir keine). Ich weiß nicht mehr wer von uns auf die dumme Idee kam zum Flughafen zurück zu laufen und sich an den Dingen zu orientieren, die wir aus dem Busfenster gesehen hatten, aber in diesem Moment erschien sie uns als durchaus funktional und wir marschierten voller Elan los.... zumindest am Anfang. Wir marschierten und marschierten und liefen und stapften und schlurften - bis wir uns schließlich eingestehen mussten, dass wir voll und ganz die Orientierung verloren hatten. Erschöpft ließen wir uns auf den Boden sinken. Um uns herum war nichts als Sand zu sehen. Sand soweit das Auge blicken konnte und ich fühlte mich unendlich verloren. Es dämmerte langsam und ich konnte nicht glauben wie kalt es auf einmal wurde. Vor einer Stunde noch war mir der Schweiß geradezu die Stirn hinabgeronnen und nun zitterte ich wie im tiefsten Winter. Wir kuschelten uns eng zusammen um uns warm zu halten und hofften auf ein Wunder. Und das Wunder kam. Genauer gesagt kam es geritten. Auf einem Kamel. Zuerst trauten wir unseren Augen nicht, doch der Kamelreiter, der noch zwei weitere Kamele mit sich führte, kam schaukelnd immer näher. Seinem Gesicht nach zu urteilen war er nicht weniger überrascht uns hier anzutreffen als wir es von ihm gewesen waren. Als er nah genug an uns heran geritten war, sprach er uns an. Leider auf ägyptisch und wir verstanden kein Wort. Da wir uns trotzdem sehr freuten einen Menschen zu treffen (wo Menschen waren war vielleicht auch irgendwo eine Ortschaft, in der man die Nacht verbringen konnte) nickten wir und lächelten freundlich. Das konnte ja nicht falsch sein oder? Anscheinend war es das auch nicht, denn der fremde Mann verlud das Gepäck von den beiden geführten Kamelen auf das eine und bedeutete uns in Zeichensprache auf das andere aufzusteigen. Ich wäre dieser Aufforderung wirklich gerne nachgekommen, schließlich reitet man nicht alle Tage auf einem Kamel durch die Wüste, allerdings hatte ich keine Ahnung wie ich auf dieses Kamel raufkommen sollte. Ich zuckte hilflos mit den Schultern und der freundliche Mann verstand sofort. Er sagte wieder etwas auf ägyptisch und ich traute meinen Augen nicht, als sich das Tier vor uns hinkniete und uns geduldig aufsteigen ließ und es schaukelte gehörig, als es sich in Bewegung setzte. Der Ritt war lang und wir froren noch immer. Dennoch waren wir froh nicht mehr allein zu sein; ohne Essen und Trinken in dieser Wüste. Nach einigen Stunden konnten wir ein Licht am Horizont sehen und als wir näher kamen, stellte sich heraus, dass es sich um ein Lagerfeuer handelte, das sein helles, warmes Licht zwischen den Holzbaracken eines kleinen Dorfes verteilte. Ich dachte an die mollige Wärme des Feuers und ein Lächeln umspielte meine Lippen bei dem Gedanken an ein paar Stunden Schlaf. Obwohl das Feuer brannte, waren keine

Menschen zu sehen. Sie hatten sich wohl schon zum Schlafen in ihre Baracken zurückgezogen. Wir setzten uns ans Feuer und der freundliche Mann gab uns eine Suppe zum Essen. Nachdem wir fertig waren, führte er uns in seine Hütte und bereitete uns ein Lager zum Schlafen.

Als ich in dieser Nacht in eine dicke Wolldecke eingewickelt auf der Matratze lag, konnte ich trotz meiner enormen Müdigkeit nicht sofort einschlafen. Ich dachte darüber nach, was der Mann, dessen Namen wir nicht einmal kannten, alles für uns getan hatte. Ohne ihn würden wir noch immer in der Kälte sitzen und wären vielleicht sogar erfroren. Die Wüstennächte sind wirklich kälter als ich es mir je vorgestellt hätte. Aber selbst wenn wir nicht erfroren wären, hätten wir trotzdem nicht die geringste Orientierung gehabt. Vermutlich hatte der Mann uns das Leben gerettet und wir konnten ihm nicht einmal danken, weil wir seine Sprache nicht beherrschten. Plötzlich fragte ich mich, wieso es so viele verschiedene Sprachen auf der Welt gab. Es wäre doch viel einfacher, wenn alle Leute dieselbe sprechen würden. Leise fragte ich das Gewitterkind, ob es sich darüber schon mal Gedanken gemacht hatte. "Schon oft", antwortete das Mädchen, als wenn es nur auf diese Frage gewartet hätte. "Es wäre sicherlich viel einfacher wenn alle Menschen dieselbe Sprache sprechen könnten, aber die Menschen sind sehr eigen, wie du weißt. Die Einwohners jedes Landes sind der Überzeugung, dass ihr Land das beste auf der Welt ist und wollen sich klar von den anderen abgrenzen. Das tun sie unter anderem durch ihre Sprache." Darüber dachte ich kurz nach und erwiderte, dass es aber doch für alle Menschen sehr nützlich wäre, wenn man sich verstehen würde. Darauf antwortete das Kind, dass es da noch ein Problem geben würde. Sie erklärte es folgender-maßen: " Da hast du vollkommen recht, aber überleg mal. Selbst wenn die Menschen sich darauf einigen würden, alle eine Sprache zu sprechen würde vermutlich jeder wollen, dass es die eigene wird. Nach welchen Kriterien würdest du die neue Weltsprache auswählen? Es gibt keine unpar-teiischen Menschen die entscheiden könnten. Wenn es ganz arg schief laufen würde, könnte ich mir sogar vorstel-len, dass die Menschen sich deswegen bekriegen würden, um ihren Willen durchzusetzen. Das wäre ja absolut nicht das, was der Menschheit helfen würde zusammen zu rü-cken, aber das verstehen die Menschen leider meistens erst nachdem sie etwas getan haben." Ich musste schlucken. Einen Krieg wollte ich selbstverständlich nicht provozie-ren, aber ich verstand einfach nicht wieso alles immer so kompliziert sein musste. Ich seufzte und beendete das Ge-spräch mit einem abschließenden Satz: "Ich wünschte, dass alle Menschen so wären wie der Besitzer dieser Hütte. ER hat fremde Menschen, die nicht einmal seine Sprache be-herrschten, in seiner Hütte aufgenommen und mit ihnen sein weniges Hab und Gut geteilt. Wenn alle Menschen so wären, dann gäbe es sicher keinen Krieg über die Welt-sprache und ich denke, wenn wir alle versuchen würden so zu sein, jeder für sich

selbst, dann wäre das bestimmt möglich, aber wenn wei-terhin jeder die anderen verändern möchte- anstatt an sich selbst zu arbeiten- wird das wohl eher schwierig."

Kapitel 11

Als ich am nächsten Morgen erwachte, war ich wieder klatschnass geschwitzt. Das Wetter hier war einfach verrückt. Es war schon Tag, durch die Fenster der Hütte fiel das Sonnenlicht und ich sah mich um. Die Baracke war nur mit dem Nötigsten ausgestattet und an sich nicht sonderlich spannend, doch als ich an der Wand eine Landkarte entdeckte, erhellte sich mein Gesicht. Wenn wir schon nicht sagen konnten wo wir hinwollten, dann konnten wir es wenigstens zeigen. Die Frage war nur wem, denn unser Retter war weit und breit nirgends zu sehen. Ich weckte das Gewitterkind und wir machten uns auf die Suche nach ihm. Als wir aus der Hütte traten, versanken unsere Füße im tiefen Sand und die Sonne brannte auf unsere Köpfe. Es war als wären wir in einer anderen Welt gelandet, auf einem fremden Planeten, der sehr viel näher an der Sonne liegt. An einem Pfosten rechts von uns standen einige Kamele angebunden und schienen Mittagsschlaf zu halten (falls es überhaupt Mittag war, das kann ich nämlich nicht genau sagen, da ich keine Uhr hatte.) Wir gingen an den Kamelen vorbei -weiter in Richtung Dorfmitte. Als wir am Brunnen ankamen, trafen wir eine Frau, die gerade damit beschäftigt war Wasser zu holen und machten sie auf uns aufmerksam. Sie sah uns an und begrüßte uns in ihrer Sprache, die wir nun mal leider nicht verstanden. Wir bedeuteten ihr, uns zu folgen und die hilfsbereite Frau (die Hilfsbereitschaft Fremden gegenüber schien den Einwohnern dieses Dorfes angeboren zu sein) folgte uns willig und wir führten sie zur Karte im Haus des netten Mannes. Ich orientierte mich kurz auf der Karte und zeigte dann auf die

Stadt Kairo. Ich wusste nicht, ob die Frau verstanden hatte, was wir wollten, denn sie sagte schnell etwas, dann stürzte sie aus der Hütte. Wir folgten ihr zögerlich und sahen, wie sie einem Jeep hinterher rannte, der nach ein paar Metern anhielt, so dass die Frau mit dem Fahrer sprechen konnte. Es war eine angeregte Unterhaltung und immer wieder wurde zu uns geschaut. Nach einer Weile wurde uns mit Händen und Füßen bedeutet, dass wir auf der Ladefläche des Jeeps Platz nehmen sollten und wir taten es in der Hoffnung, dass er uns nach Kairo bringen würde. Und tatsächlich, wir hatten Glück. Nach einer langen Fahrt durch die staubige Wüste und über unbefestigte Landstraßen sahen wir die Stadt vor uns. Das Gewitterkind und ich fielen uns vor Freude um den Hals. Wir freuten uns auf unser gewohntes Klima und darauf, uns wieder verständigen zu können. Wir hatten nämlich beschlossen zunächst einmal wieder zurück nach Deutschland zu fliegen, um von dort aus Land und Seeweg zu unseren weiteren Zielen zu benutzen. Das hatte den einfachen Grund, dass meine kleine Begleiterin ihr Pferd so sehr vermisste, dass sie sich jeden Abend in den Schlaf weinte und das konnte ich einfach nicht mit ansehen. So kam es, dass wir schon bald im Flieger zurück nach Hause saßen. Dort angekommen war das Mädchen kaum noch zu halten. Ich sah die Sache mit gemischten Gefühlen, denn ich war mir nicht sicher, ob wir das Pferd je wieder finden würden. Mein Gast hatte sich nämlich geweigert das Pferd einzusperren, schließlich sei das Freiheitsberaubung und unverantwortlich. Als wir uns meinem Haus näherten, merkte ich jedoch, dass jegliche Sorge unbegründet war, denn wir wurden mit einem freundlichen Wiehern begrüßt. Zu dritt machten wir uns

auf den Weg nach Paris und ich freute mich auf den Eiffel-
turm. Bald schon würde sich nach den ersten beiden nun
auch mein dritter Wunsch erfüllen.

Kapitel 12

Die Reise hatte, obwohl sie ohne jegliche Zwischenfälle verlief, ziemlich lange gedauert und so war es bereits dunkel, als wir endlich vor dem Eiffelturm standen. Er war wunderschön beleuchtet und mein Herz begann schneller zu schlagen. ich hatte völlig vergessen wie wichtig mir diese Wünsche einmal waren und für einen kurzen Moment fragte ich mich, was ich die ganze Zeit gemacht hatte, bevor das Gewitterkind aufgetaucht war. Ich dachte eine Weile nach und fragte mich, wieso es mir nie langweilig geworden war jeden Tag das gleiche zu tun... oder war es das etwa doch? Hatte ich es vor lauter Gewohnheit einfach nicht gemerkt? Konnte man sich auch an Langeweile gewöhnen? Das Gewitterkind hatte die bemerkenswerte Gabe nicht nur selbst die komischsten Fragen zu stellen, sondern sie schaffte es irgendwie, dass die Menschen, die mit ihr zu tun hatten, sich genauso seltsame Fragen stellten. Zumindest bei mir war das so. Seitdem sie da ist, ist meine Welt ein einziges großes Fragezeichen. Es sind nicht die elementaren Dinge über die ich mir Gedanken mache. Ich könnte auch problemlos überleben ohne mir diese Fragen zu stellen, aber aus irgendeinem Grund erscheinen sie mir seit kurzem als ungeheuer wichtig.

Als wir nun dastanden, an diesem tagsüber so belebten Ort, fiel mir auf, wie still es nun hier war. Natürlich war es nicht wirklich still. Man hörte Motorengeräusche, Hupen und gedämpfte Musik, die aus irgendwelchen Kneipen drang, aber der Eiffelturm an sich ragte still und riesig in den Himmel.

Wir bewegten uns darauf zu und ich war sehr erleichtert, als ich einen Aufzug erblickte. Zwischenzeitlich hatte ich nämlich befürchtet, dass unser Vorhaben an den Treppen, beziehungsweise meinen Beinen, die zu alt für jene waren, scheitern würde.

Der Aufzug ächzte unter unserem Gewicht, denn das Gewitterkind hatte sich trotz langer Bitten meinerseits nicht dazu bereiterklärt, sein Pferd alleine hier unten stehen zu lassen. Schließlich wolle es die Aussicht genauso genießen. Ich wusste, dass es keinen Sinn hatte mit diesem Mädchen zu diskutieren und so gab ich, nachdem ich mich vergewissert hatte, dass der Aufzug für solch ein Gewicht geeignet war, klein bei. Hauptsache ich würde den Eiffelturm sehen. Ob mit oder ohne Pferd war mir letztendlich egal.

Als wir die Besucherplattform betraten, war ich überwältigt von der Aussicht. Ich blickte auf ein riesiges Meer aus Lichtern und Farben, das sich bis zum Horizont zu erstrecken schien.

Erst als ich mich wieder etwas beruhigt hatte, nahm ich es wahr. Ein leises Schluchzen, das von irgendwo nicht weit unter uns zu kommen schien. Ich sah das Gewitterkind an und sein Blick verriet mir, dass es das Selbe vernommen hatte.

Wir folgten dem Geräusch und erblickten eine junge Frau, fast noch ein Mädchen, die auf einer der Stahlverstrebungen etwa einen Meter unter uns stand. Sie hielt eine weitere Strebe fest umklammert und weinte bitterlich. Mir stockte der Atem bei der Vorstellung, dass sie hinunter stürzen könnte, aber ich hatte den schlimmen Verdacht, dass genau das ihre Absicht war.

Ich wollte sie von ihrem Vorhaben abhalten, aber ich war wie gelähmt. Was wäre, wenn ich etwas Falsches sage und sie sich vor meinen Augen in die Tiefe stürzte? Aber hatte ich eine Wahl? Ich konnte nicht zulassen, dass dem Mädchen etwas passierte, ohne dass ich alles versucht hätte, um es zu verhindern. Ich schloss die Augen und nahm all meinen Mut zusammen. "Hallo" sagte ich nun. Meine Stimme zitterte. "Ich bin Paul und wie heißt du?" Keine Antwort. Nervös knetete ich meine Finger. "Paul und ich machen gerade eine ziemlich spannende Reise. Wir wollen all die Wünsche erfüllen, die Paul als Kind einmal hatte." Ich war dankbar, dass das Gewitterkind das Wort ergriff und wartete, dass sie weiter sprach. "Du hast doch sicher auch Wünsche", sagte sie nun zu dem Mädchen, "möchtest du uns nicht begleiten?" Ich fragte mich, wie diese Frage auf das Mädchen wirken musste. Sie war mit dem Ziel hierhergekommen ihrem Leben ein Ende zu setzen und nun kamen zufällig ein alter Mann und ein Kind vorbei, die sie davon abhalten wollten und sie zu einer Reise einluden, obwohl sie sie gar nicht kannten.

So sehr ich es versuchte, gelang es mir jedoch nicht, mich in diese Lage zu versetzen. Vermutlich hatten wir sie völlig aus dem Konzept gebracht und mit Sicherheit hatte sie Angst. Ich musste etwas finden, dass sie dazu brachte uns zu vertrauen. Ich schaute mich hilfesuchend um und mein Blick fiel auf das Pferd, das seelenruhig mitten auf der Besucherplattform stand. Da mir nichts Besseres einfiel, fragte ich: "Magst du Tiere? Wenn ja, würde ich dir gerne jemanden vorstellen." Einen Versuch war es wert, vielleicht funktionierte es ja. "Es klingt zwar verrückt aber wir sind nicht alleine hier oben. Wir haben ein Pferd dabei. Es würde sich sicher freuen dich kennen zu lernen." Ich betete, dass sie Pferde mochte, aber selbst wenn, würde sie sich vermutlich nicht trauen zu uns nach oben zu kommen. Ich musste versuchen sie zu beruhigen. "Bitte"-, sagte ich nun, "komm zu uns hoch. Du musst nicht mit uns sprechen. Du musst uns nicht einmal deinen Namen verraten, wenn du nicht willst und wir werden auch nicht die Polizei verständigen, das verspreche ich dir."

"Wirklich?" Mein Herz machte einen Satz. Sie hatte gesprochen! Die Stimme hatte klein und ängstlich geklungen: aber sie hatte gesprochen. "Ja, ganz ehrlich!" Langsam begann das Mädchen zu uns nach oben zu klettern und ich reichte ihr die Hand. Zum einen, damit ich ihr helfen konnte und zum anderen, damit ich sie halten konnte, falls sie abrutschte. Bald stand sie endlich vor uns. Klein und zerbrechlich, den Kopf gesenkt, die Schultern schützend hochgezogen. Für einen Moment fragte ich mich, wer dafür verantwortlich war, dass ein so junger Mensch schon so kaputt war. Manchmal hasste ich die Menschheit.

Während ich nachdachte, war das Mädchen auf das Pferd zugegangen und begann es zu kraulen. Das Tier ließ es geschehen und ich hatte das Gefühl, dass ein Teil seiner Ruhe auf das Mädchen abfärbte. Kurze Zeit später nahm das Gewitterkind das Mädchen bei der Hand. "Komm", sagte sie, "wir suchen uns einen Platz zum Schlafen"

Ich war unendlich froh, als wir mitsamt dem Mädchen wieder sicheren Boden unter den Füßen hatten. Das mit dem Schlafplatz war jedoch so eine Sache. Ein Hotel mit Pferdestall ist in Paris wohl eher schwierig zu finden und da es nicht besonders kalt war, beschlossen wir die Nacht im nahegelegenen Park im Zelt zu verbringen.

Als ich auf der Isomatte lag, begannen meine Gedanken Karussell zu fahren. Was war dem Mädchen wiederfahren, dass sie so aus der Bahn geworfen hatte? Wäre sie wirklich gesprungen, wenn wir nicht gekommen wären? Auf einmal fragte ich mich was nach dem Tod wohl passieren mochte. War dann einfach alles zu Ende? Führte man ein anderes Leben? Oder gab es Himmel und Hölle am Ende wirklich?

Mehr als je zuvor grub sich eine Frage in mein Bewusstsein. Worin besteht der Sinn des Lebens? So viele Leute sprechen über ihn, aber kennt ihn irgendjemand wirklich? gibt es irgendjemanden auf dieser Welt der mit Sicherheit sagen könnte: "Das ist der Sinn des Lebens"? Ich wusste es nicht und für den Moment gab ich mich damit zufrieden, dass das Mädchen nun sicher bei uns im Zelt lag. Morgen würde ich mir Gedanken machen wie es weitergeht.

Kapitel 13

Es klopfte an unser Zelt. Augenblicklich versteckte sich das Mädchen vom Eiffelturm unter einer Decke. Da mir nichts Besseres einfiel, räusperte ich mich und rief: "Herein". Es klang mehr wie eine Frage als wie eine Aufforderung trotzdem öffnete sich augenblicklich der Reißverschluss unseres Zeltes und ein hochroter Kopf wurde hereingesteckt. "Was zum Henker machen sie in meinem Park? Sie zerstören die ganze Grünfläche!" Sein Doppelkinn bebte vor Empörung und sein Mundgeruch war bis in die hinterste Ecke des Zeltes zu riechen. "Entschuldigen Sie werter Herr", fing ich an. Weiter kam ich nicht. "Stecken Sie sich ihre Entschuldigung sonst wo hin und verschwinden Sie! Aber pronto! Und nehmen Sie gefälligst ihren Gaul mit! In fünfzehn Minuten öffnet der Park und wenn Sie dann noch da sind ruf ich die Polizei, das können Sie mir glauben! Also worauf warten Sie? Die Zeit läuft."

Bei dem Wort "Polizei" vernahm ich einen erstickten kleinen Laut von unter der Decke. Das Mädchen hatte wohl keine sonderlich guten Erfahrungen mit dieser Berufsgruppe. Sobald der Mann davon gestapft war kroch sie unter der Decke hervor und begann hastig alles zusammen zu packen. Wir halfen ihr und so waren wir schnell fertig. Nach zehn Minuten verließen wir den Park. "Und was machen wir jetzt?" Das war eine gute Frage, die weder das Gewitterkind noch ich wirklich zu beantworten vermochten und so entstand eine schweigsame Stille. "Ich bin übrigens Sophie." Diese Aussage kam so unverhofft, dass ich eine Weile brauchte, um sie zu verarbeiten. "Das ist ein schöner Name" sagte ich nun und das Schweigen breitete sich erneut aus. Wir alle dachten nach und das Gewitterkind hatte schließlich eine Idee. "Lasst uns die Stadt verlassen und bei einem Bauern etwas außerhalb unterkommen" schlug sie vor, "Von dort aus können wir uns Gedanken machen wie es weiter gehen soll." Die Idee an sich war gut, nur wie sollten wir Paris verlassen? Ich verfluchte innerlich die Spontanität, die wir bei unser Herreise an den Tag gelegt hatten. Ein Viehtransporter, dessen Fahrer wir zufällig getroffen hatten, hatte uns mit hierher genommen. Das Pferd hinten bei seinen Schafen und uns vorne in der Fahrerkabine. Wie wir allerdings wieder zurückkommen würden, darüber hatten wir uns keine Gedanken gemacht. Sophie schien sich ähnliche Gedanken zu machen denn sie fragte:" Und wie kommen wir aus Paris raus? Zu Fuß ist das ein bisschen weit, oder?" Das Gewitterkind lächelte verschmitzt, was bedeutete, dass es einen Plan hatte, sagte jedoch nichts. Sophie spekulierte weiter: „Mit der Bahn können wir auch nicht fahren wegen dem Pferd..." "Sagt wer?" Ich hatte es fast schon geahnt und war deshalb nicht sonderlich überrascht, ganz im Gegensatz zu Sophie, die ja nicht wissen konnte, dass das Gewitterkind alles, was nicht ausdrücklich verboten war, als erlaubt ansah. "Du willst dein Pferd hierlassen?" Eine logische Schlussfolgerung aus Sophies Sicht. "Natürlich nicht!" Die Stimme des Gewitterkindes überschlug sich fast vor Entsetzen. Die beiden Mädchen sahen sich an, das Gewitterkind auffordernd, Sophie fragend. Ich konnte die Fragezeichen beinahe sehen, die über ihrem Kopf standen. "Sie will das Pferd mitnehmen.-" ‚erklärte ich schließlich. "In der Bahn?" "Jup."- Wieder breitete sich Schweigen aus, diesmal hielt es jedoch nicht lange an, denn Sophie hatte sich erstaunlich schnell wieder gefasst. "Aber das kannst du doch nicht machen" Da kannte sie das Gewitterkind schlecht. "Wieso nicht?" Ich wusste es. "Weil es verboten ist!" -"Sagt wer?" "Keine Ahnung". Grinsend erwiderte das Gewitterkind, dass ihm dieser Name kein Begriff sei und so trotteten wir mit der ungläubigen Sophie im Schlepptau Richtung U-Bahn-Station. Wir wollten mit der U-Bahn zum Regionalbahnhof, von dort aus mit der Regionalbahn in irgendeine Richtung fahren und an einem ländlich wirkenden Bahnhof aussteigen. Am Fahrkartenautomal blieben wir stehen, um Tickets zu lösen. "Wie als bist du?" Sophies Alter war schwer zu schätzen. "Vierzehn, aber das könnt ihr doch nicht wirklich vorhaben!" Und ob wir konnten. Ich löste also einen Erwachsenen- und drei Kinderfahrscheine (das Pferd war schließlich unter sechzehn), und wir begaben uns zum Bahnsteig. Die Blicke der Leute waren, wie zu erwarten, sehr erstaunt. Wer rechnete schon damit mitten in Paris und noch dazu an einer U-Bahnstation auf ein Pferd zu treffen? Wohl kaum jemand. Wir wurden mehrfach fotografiert und einige Kinder fragten, ob sie das Pferd streicheln dürften. Sie durften.

Das Erstaunen der Menge wandelte sich in Empörung als die U-Bahn einfuhr und wir, mitsamt dem Pferd, einstiegen. Das Gewitterkind störte das nicht im Geringsten und mich seltsamerweise auch nicht, ich fand es eher amüsant. Man lebt nur einmal, dachte ich bei mir. Sophies Augen waren immer noch vor Unglauben geweitet. Verständlich, dachte ich. Vermutlich fragte sie sich gerade, worauf sie sich da nur eingelassen hatte.

Die Liste mit den Dingen, die ich tun wollte, war lang gewesen. Mit einem Pferd U-Bahn fahren hatte allerdings nicht darauf gestanden und allmählich fragte ich mich, wieso. Ich hatte lange keinen solchen Spaß mehr gehabt. Als dann auch noch der Schaffner kam, war mein Glück vollkommen. Ich lehnte mich auf meinem Sitz zurück und ließ das Gewitterkind reden. Zur perfekten Vorstellung hätte nur noch das Popcorn gefehlt. "Kannst du mir mal bitte erklären, was das hier ist?" "Ein Pferd." "Das sehe ich selbst"- Die Fassungslosigkeit im Blick des Schaffners verwandelte sich in Wut. "Aber was tut es hier?!" "Es fährt Bahn…" Sophie und ich konnten uns vor Lachen kaum noch halten und ich fragte mich, wie um alles in der Welt das Gewitterkind es schaffte, so ernst zu bleiben. Auch die anderen Fahrgäste hatten Mühe sich das Lachen zu verkneifen. Die Situation war einfach zu komisch. Der Schaffner, dessen Gesichtsfarbe inzwischen der einer Tomate glich, sah uns prüfend an. "Gehören die beiden etwa zu ihnen?" Ich setzte mein unschuldigstes Lächeln auf. "Ja, wieso?" Sophie lächelte ebenfalls. "Wieso? Ist das ihr Ernst?!" Ich spielte weiter das Unschuldslamm. "Ich verstehe ihr Problem nicht werter Herr. Das Tier verfügt, ebenso wie wir versteht sich, über einen gültigen Fahrschein." Ich kramte die Tickets aus meiner Tasche und hielt sie dem Schaffner unter die Nase. Da wir unsere Unterhaltung auf Englisch führten (französisch beherrsche ich nämlich nicht), konnte ein Großteil der Insassen dem Wortwechsel folgen. Die, die es nicht konnten, erkundigten sich bei ihren Sitznachbarn. Die Menge war begeistert und der Schaffner ratlos. Ich beschloss noch einen draufzusetzen. "Also da, wo wir herkommen, ist das völlig normal. Da gibt es sogar extra Anbinde Stellen für Pferde in den Bahnen." Das war zwar eine glatte Lüge, aber es war eine lustige Vorstellung. Das sahen die übrigen Fahrgäste wohl ähnlich, denn sie applaudierten. Der Schaffner suchte offensichtlich nach der versteckten Kamera, die er aber selbstverständlich nicht fand. Etwas später verließ er, etwas verstört, das Abteil, vielleicht um den Vorfall seinem Chef zu melden. Ich überlegte, ob ich ihm einen guten Therapeuten empfehlen sollte, aber ich kannte keinen. An der nächsten Haltestelle stiegen wir in eine Regionalbahn um, in der wir zwar auch komisch angeschaut, jedoch nicht angesprochen wurden. Vielleicht hatte der U-Bahnschaffner seine Kollegen vorgewarnt. Schade eigentlich.

Kapitel 14

Egal, ob Tag ist oder Nacht,
egal wie ich mich dagegen wehre
ich habe einfach keine Macht
greif zu Messer oder Schere
seh` die roten Tropfen
sie erlösen mich
hör mein Herz nur klopfen
den Rest der Welt bemerk ich nicht
jetzt bin ich ganz allein
es ist unendlich still
seh` das Blut auf meinem Bein
das ist alles, was ich will
doch da ist eine Stimme
ganz tief in mir drin
sie sagt mir leise
dass ich anders bin
sie sagt du bist ein Kind fast noch
grad mal 14 Jahr`
lass das mit dem Ritzen doch
Leben ist so wunderbar
doch ich kann ihr das nicht glauben

zu schön fühlt es sich an

und ich verschließ die Augen

davor, dass ich`s nicht lassen kann

viele Nächte hab ich geweint

und ein schlechtes Gewissen hab ich auch

ich muss das tun hab ich gemeint

Blut ist das, was ich jetzt brauch

doch ist das Blut erst fort

und ich sehe die Narben vor mir

wünsch ich, ich wär an einem anderen Ort

und meine Narben bleiben hier

nur weit weg von mir!

Und wieder weine ich

ganze Nächte lang

weiß ich muss wieder ritzen mich

es ist ein innerer Drang

und ich in furchtbar bang

was noch passieren wird

ich las das Gedicht nun zum dritten Mal und starrte den Zettel in meiner Hand trotzdem ratlos an. In meinem Kopf drehten sich so viele Gedanken und trotzdem konnte ich keinen von ihnen fassen. Seit über einer Stunde saßen wir nun hier hilflos und besorgt vor dieser Tür. Wir hatten tatsächlich einen Bauern gefunden, der uns sein Gästezimmer und eine kleine Koppel zur Verfügung stellte. Wir waren bester Laune aber Sophie wurde von Minute zu Minute stiller. Irgendwann saß sie nur noch da, den Blick ins Leere gerichtet, bis sie schließlich aufstand und sich im Bad einschloss. Ich hatte kein gutes Gefühl bei der Sache und so klopfte ich nach einigen Minuten an die Tür und wartete. Ich hörte nichts als ein leises Schluchzen, ähnlich dem vom Eiffelturm. Ich wusste nicht was Sophie dort drinnen tat aber ich ahnte, dass es nichts Gutes war. Das Gewitterkind war inzwischen zu mir gekommen und sein Blick verriet mir , dass es das Selbe dachte. Wir redeten mit Engelszungen auf das Mädchen ein, ohne Erfolg. Wir sagten ihr, dass sie uns vertrauen könne, dass wir ihr helfen würden, aber sie konnte oder wollte nicht antworten. Nach einer elendig langen Zeit des Wartens und unruhig auf und ab Laufens hatte Sophie dieses Blatt Papier unter der Tür durchgeschoben. Es war etwas zerknüllt und an manchen Stellen war die Tinte durch eine Träne verlaufen. Auch etwas Blut war auf das Papier getropft. Unter dem Gedicht standen die Worte "Es tut mir leid" .

Meine Hände zitterten und ich suchte nach den richtigen Worten. "Sophie.... es muss dir nicht leid tun. Wirklich nicht. Bitte rede mit uns, vielleicht können wir dir helfen. Bitte mach die Tür auf". Stille. Dann endlich ein Wort. "Wozu?" Das Wort klang genauso klein und hilflos wie ihr erstes Wort auf dem Eiffelturm. Ich hatte das Bedürfnis sie zu beschützen, sie in den Arm zu nehmen und all den Schmerz zu lindern, der ihr wiederfahren war. Sie war noch fast ein Kind, das hatte sie selbst geschrieben. Was mochte ihr wiederfahren sein, das sie so aus der Bahn warf? Ich mochte es mir gar nicht ausmalen. Das Gewitterkind holte mich mit seiner Antwort auf Sophies Frage in die Realität zurück. "Damit wir dir helfen und deine Wunden versorgen können." Sie sagte den zweiten Teil dieses Satzes so selbstverständlich, als wäre Sophie gestürzt und hätte sich das Knie aufgeschürft, nicht so als hätte Sophie sich das selbst angetan. So kam es mir zumindest vor. Andererseits, wie hörte sich jemand normalerweise an, der denselben Satz zu jemandem sagte, der sich seine Wunden selbst zugefügt hatte? Ich wusste es nicht. Niemand sprach freiwillig über solche Themen. Die Menschen schoben sie weg und hofften darauf, niemals mit ihnen konfrontiert zu werden. Ich spürte eine Wut in mir aufkochen, die sich gegen die Menschheit richtete gegen dieses absichtliche Wegschauen, doch ich schluckte sie herunter, denn ich musste einen kühlen Kopf bewahren. Nur so konnte ich dem Mädchen helfen. Mein Herz machte einen erleichterten Satz, als ich hörte, wie sich der alte verrostete Schlüssel in dem ebenso alten Schloss drehte.

Sophie stand vor uns,- die Augen verweint, der Blick gesenkt wie bei einem zu tiefst verletzten Tier. Sie hatte ihren Pulli ausgezogen und trug nur noch Jeans und Unterhemd. Als ich ihre Arme sah, stiegen mir Tränen in die Augen. Ich schluckte sie herunter. Gerne hätte ich das Mädchen in den Arm genommen und sie getröstet, aber irgendetwas an ihrer Haltung sagte mir, dass sie diese Nähe nicht verkraften würde. Also berührte ich sie nicht mehr, als zum Verbinden ihrer Wunden nötig war. Ich würde ihre Grenzen keinesfalls ungefragt überschreiten.

Das Gewitterkind hatte Tee gemacht und wir saßen still auf dem altmodischen Sofa im Gästezimmer. Kein Wort hätte jemals diese Stimmung beschreiben können. "Warum tut ihr das für mich?" Sophie hatte den Satz völlig unvermittelt in den Raum geworfen.

"Weil wir dich mögen". Es war die Wahrheit. Ich kannte dieses Mädchen kaum und trotzdem hatte ich es in mein Herz geschlossen. "Niemand mag mich". Es war eine trockene, ernstgemeinte Bemerkung. Sophie wollte damit kein Mitleid erzeugen, das spürte ich. Sie war wirklich davon überzeugt, dass niemand sie mochte. Es versetzte mir einen Stich in die Magengegend diesen Satz von einem vierzehn jährigen Mädchen zu hören. Meine Stimme gehörte nicht mehr zu mir. Ich hörte mir selber zu. "Kleines, das ist doch Unsinn. Das Gewitterkind und ich haben dich sehr gern und das Pferd genauso". Sie blickte kurz auf, dann senkte sich ihr Blick erneut. "Aber ihr kennt mich doch kaum." Das Gewitterkind wendete ein, dass sich das Nachholen ließe und dass es nur eine Frage der Zeit sei. Plötzlich kam mir der Satz des Gewitterkindes wieder in den Sinn "die Zeit ist kein leichter Gegner". Allmählich glaubte ich zu verstehen, was das Kind damit gemeint hatte. Wie gerne würde ich die Zeit in diesem Moment zurückdrehen und all das Leid verhindern, das Sophie wiederfahren war oder nach vorne, damit Sophie wusste, dass wir bei ihr blieben und sie nicht länger alleine war. Doch die Zeit lief weiter. Ruhig, gleichmäßig wie zuvor. Wie der Herzschlag der Welt, dachte ich kurz, dann konzentrierte ich mich wieder auf das Mädchen. Wir konnten ihr ansehen, wie erschöpft sie war und so brachten das Gewitterkind und ich Sophie ins Bett. Das Gewitterkind legte sich zu ihr damit sie nicht alleine war und ich deckte die beiden zu. Zum Reden würden wir morgen noch genug Zeit haben.

Kapitel 15

Am nächsten Morgen bereute ich zum ersten mal seit Ewigkeiten keinen Kaffee im Haus zu haben. Er schmeckte mir zwar nicht, aber das Koffein hätte ich gut gebrauchen können. Fast die ganze Nacht hatte ich wach gelegen und gegrübelt. Es wollte einfach nicht in meinen Kopf hinein dass ein junges Mädchen so kaputt war und keiner davon zu wissen schien. Oder interessierte es nur niemanden? Wo waren ihre Eltern? Suchten sie nach ihr? Mir kam in den Kopf, dass Sophie ein Waisenkind sein könnte. Vielleicht waren ihre Eltern verunglückt und das Mädchen war mit dem Verlust nicht klar gekommen. Das würde ihren Schmerz erklären. Aber selbst wenn ihre Eltern tot waren musste es doch irgendjemanden auf dieser Welt geben der Sophie vermisste. Oma, Opa, Onkel, Tanten- irgendjemanden. Ich hörte das Gewitterkind nicht hereinkommen. Plötzlich stand sie hinter mir. "Sophie hat im Schlaf geredet." Zum ersten Mal, seit ich es kannte, klang die Stimme des Gewitterkindes wirklich besorgt. Ich sah das Kind interessiert an. "Genauer gesagt hat sie geweint und um Hilfe geschrien. Sie hat sogar um sich geschlagen." Ich dachte kurz nach. "Kannst du dir vorstellen, was sie geträumt haben könnte?", fragte ich nun. "Naja... sie hat gesagt, dass jemand sie loslassen soll, aber ich weiß nicht auf wen sie das bezogen hat." Ich schloss die Augen und versuchte mir vorzustellen was Sophie wohl geträumt haben könnte. Vielleicht würde uns das ja etwas Aufschluss über ihre Vergangenheit geben. Irgendjemand hatte sie festgehalten, so viel war klar. Sie hat in Panik um sich geschlagen und um Hilfe gerufen. Eine logische Reaktion aber, wer dieser jemand gewesen ist und was er von Sophie wollte, konnte ich aus den paar Wortfetzen nicht erschließen. Wenn es an der Zeit ist, werde ich Sophie selbst dazu fragen, nahm ich mir vor.

Als Sophie zu uns in die Küche kam hatte sie dunkle Ringe unter den Augen und sie wirkte extrem blass. Ein Blick genügte und das Gewitterkind und ich waren uns einig, dass es besser war Sophie zunächst einmal nicht mit ihren eigenen Träumen zu belasten, also wünschten wir ihr einen guten Morgen, so als sei nie etwas geschehen. Sophie setzte sich zu uns und begann zu essen. "Paul", fragte sie schließlich "was steht eigentlich als nächstes auf deiner Liste?" Die Liste... ich hatte sie in der ganzen Aufregung um Sophie völlig vergessen und antwortete deshalb nicht sofort. Gerade als ich zu sprechen beginnen wollte, zog das Gewitterkind einen zerknüllten Zettel aus der Tasche und schob ihn über den Tisch zu Sophie. Meine Liste. Die Punkte, die wir schon abgearbeitet hatten, waren durchgestrichen. Blieben noch Bungee springen, Schwimmen lernen, Achterbahn fahren, in eine Disco gehen, etwas Verbotenes tun, die Welt ein bisschen besser machen und den Sinn des Lebens finden.

"Wow", Sophie nickte beeindruckt, "und was möchtest du heute tun?" Es schien, als hätte sie völlig vergessen, was heute Nacht geschehen war oder sie wollte einfach nicht daran denken. Beides war möglich und durchaus verständlich. Ich beschloss zu akzeptieren, dass sie nicht darüber reden zu wollen schien und antwortete auf ihre Frage. "Naja, um ehrlich zu sein, habe ich mir darüber noch keine Gedanken gemacht aber vielleicht hast du ja eine Idee." Ich lächelte das Mädchen an und sie schaute so verdutzt, als hätte ich ihr gerade erzählt, dass in unserem Vorgarten grüne Marsmännchen mit lila Punkten gelandet wären. "Ich?" "Ja wer denn sonst?" Ein zögerliches Lächeln huschte über ihr Gesicht. "Naja...", antwortete sie schließlich, "ich glaube die letzten beiden Punkte sind etwas schwierig, so spontan und ich glaube auch nicht, dass hier eine Achterbahn in der Nähe ist, aber ihr könntet ins Schwimmbad gehen." "Wieso ihr?", mischte sich das Gewitterkind ein, "komm doch mit". Sophie senkte den Kopf, ihre Stimme war fast ein Flüstern. "Das geht nicht weil... naja weil... dann alle meine Arme sehen." Ich fühlte mich augenblicklich schuldig, weil ich daran nicht gedacht hatte. Das Gewitterkind schien das anders zu sehen. Wie so oft verriet mir ihr Grinsen auch dieses Mal, dass sie einen Plan hatte und sie begann sogleich ihn uns zu erklären. "Paul, du möchtest schwimmen lernen und Sophie, du möchtest nicht, dass jemand deine Arme sieht, richtig?" Sophie und ich nickten. "Und ich möchte nicht, dass wir Sophie alleine lassen. Schließlich ist sie unsere Freundin. Da wir kein Schwimmbad finden werden, in dem wir während der Öffnungszeiten die einzigen Gäste sind, gehen wir einfach nachts. Damit wäre auch gleich der Punkt "etwas Verbotenes tun" abgehakt." Die Idee gefiel mir und auch Sophie schien nicht abgeneigt zu sein, also fragte ich:" Gut, kennt jemand ein Schwimmbad hier in der Nähe?" Schweigen. Dann meldet sich Sophie zögerlich zu Wort. "Ich glaube, als ich mit dem Fernbus nach Paris gefahren bin, habe ich ein Freibad in der Nähe gesehen." Damit war unser Vorhaben für die darauffolgende Nacht beschlossen.

Gegen zehn Uhr machten wir uns auf den Weg. Der Zaun des Freibades stand schwarz vor uns und erst jetzt wurde mir klar, dass wir ihn irgendwie überwinden mussten. (Wieso zum Teufel hatte ich daran nicht gedacht?!) Doch das Gewitterkind hatte, wie in fast jeder Situation, auch dieses Mal eine passende Lösung parat. Sie fand ein kleines Loch im Zaun und schlüpfte hindurch. Von innen öffnete sie uns anderen grinsend das Tor. Sophie, ich und natürlich das Pferd spazierten herein. Das Becken war in jeder Hinsicht perfekt für unsere Zwecke geeignet, denn es begann ebenerdig und wurde dann langsam immer tiefer. Dadurch konnte zum einen das Pferd problemlos ins Wasser gelangen (die Leiter wäre wohl etwas zu klein gewesen) und zum anderen konnte ich selbst entscheiden, wie tief ich mich ins Wasser wagte. Sophie zeigte uns, das hieß dem Gewitterkind und mir die Schwimmbewegungen, denn es stellte sich heraus, dass ich nicht der einzige war, der nicht schwimmen konnte. Wir übten im flachen Wasser, bis wir uns einigermaßen über Wasser halten konnten. Von Schwimmen konnte natürlich keine Rede sein. Dann wagten wir uns an der Seite des Pferdes, an dem wir uns jeder Zeit festhalten konnten, ins tiefere Wasser. Zunächst war ich recht ängstlich doch das große, gutmütige Tier gab mir ein Gefühl von Sicherheit. Nach einer Weile entdeckten wir ein weiteres Becken mit allen Arten von Wasserrutschen, die man sich nur vorstellen kann und wir probierten alle aus. Wie am Flughafen war ich im Herzen wieder fünf Jahre alt und unglaublich glücklich. Auch Sophie schien es zu gefallen, denn ich hörte sie zum ersten Mal richtig lachen. Allein diese Tatsache ließ mich vor Freude fast explodieren.

Als wir das Schwimmbad verließen, konnte ich zwar nicht so richtig schwimmen (ich vermute es hatte eher Ähnlichkeit mit dem Paddeln eines Hundes), dafür war ich aber unglaublich glücklich und allein diese Tatsache bestätigte, dass unser nächtlicher Ausflug ein voller Erfolg war. In dieser Nacht lernte ich, dass es keinen Sinn macht in der Vergangenheit oder der Zukunft zu leben. Nur wer sich zugesteht, im Hier und Jetzt zu leben und den Alltagsstress für eine Weile loszulassen, wird die wahre Freude des Lebens und sein eigenes Ich finden. Und wer das nicht tut, hat wirklich was verpasst.

Kapitel 16

"Sophie ist weg! Paul wach auf sie ist weg!" Ich öffnete schlaftrunken die Augen und sah sofort die Panik im Gesicht des Kindes. Trotzdem versuchte ich ruhig zu bleiben. "Wie weg?" "Einfach weg!" Ich dachte nach. "Vielleicht ist sie ja im Bad?", sagte ich nun nicht mehr ganz so ruhig, denn auch mir war nicht ganz wohl bei der Sache. Das Gewitterkind sah mich vorwurfsvoll an. "Glaubst du, ich bin blöd? Ich hab überall gesucht! Überall! Sogar im Garten und im Kleiderschrank. Sie ist einfach verschwunden!" Auf einmal war ich hellwach. "Wie lange schon?" "Keine Ahnung! Ich bin vor etwa einer Stunde aufgewacht und konnte sie nicht finden. Ich weiß aber nicht, wie lange sie davor schon weg war." Nach unserem nächtlichen Schwimmausflug waren wir alle erschöpft ins Bett gefallen. Da sich keiner von uns einen Wecker gestellt hatte, schliefen das Gewitterkind und ich ziemlich lange und gingen davon aus, dass Sophie es nach der kurzen Nacht genauso machen würde, aber nun war es zehn Uhr, Sophie war weg und wir wussten nicht einmal wann- geschweige denn wohin -sie verschwunden war. In diesem Moment fühlte ich mich furchtbar machtlos. Sophie würde nicht einfach so verschwinden, ohne uns Bescheid zu sagen, wenn nicht irgendetwas geschehen wäre. Ich hoffte inständig, dass ihr nichts passiert war und der Gedanke daran, dass sie sich etwas angetan haben könnte, traf mich wie ein Schlag in den Magen und ich hatte das Gefühl nicht mehr atmen zu können. Wir mussten sie finden, darin waren das Gewitterkind und ich uns einig, aber wo sollten wir anfangen? Sie konnte überall sein. Schmerzlich wurde mir bewusst, dass ich rein gar nichts über das Mädchen wusste. Hatte sie Freunde in der Gegend? Familie? Ich hatte keine Ahnung. "Wir brauchen jemanden, der hier bleibt, falls sie wieder kommt", hörte ich mich sagen. Das Gewitterkind nickte. "Vielleicht hilft der Bauer uns." "Hoffentlich."

Nachdem der Bauer uns versichert hatte, zu Hause auf Sophies eventuelle Rückkehr zu warten, machten das Gewitterkind und ich uns mit einem Foto von Sophie auf die Suche nach ihr. Das Pferd nahmen wir auch mit. Wer weiß wofür das gut sein könnte. Ich weiß nicht wie viele Passanten wir ansprachen. Gefühlt waren es hunderte und keiner hatte Sophie gesehen. Unsere Verzweiflung nahm von Minute zu Minute zu und wir hatten keine Ahnung, was wir noch tun konnten. Auf einmal kam ein bunt frisierter Punk in zerrissenen Klamotten auf uns zu. "Ey, ich hab gehört, dass ihr ein Mädchen sucht." In mir blitzte ein Funken Hoffnung auf. "Ja richtig! Haben Sie sie etwa gesehen?" Meine Stimme überschlug sich vor Aufregung. "Kann sein." Der Punk kaute demonstrativ auf seinem Kaugummi herum. "Vielleicht, vielleicht auch nicht. Wieso sollte ich euch helfen?" Am liebsten hätte ich die Worte aus ihm herausgeprügelt, aber noch mehr Stress konnte ich echt nicht gebrauchen, also zog ich eine zehn Euro-Schein aus der Tasche. Ein Lächeln huschte über das schmutzige Gesicht des Punks. "Also?", fragte ich, als ich das Geld überreich hatte. "Also was?" Fast wäre ich ihm an den Hals gesprungen. "Wo ist sie?", fauchte ich stattdessen. "Woher soll ich das wissen? Ich weiß nur, dass sie heute Morgen in dem Pub da drüben war. War ganz schön voll die Kleine. Jack hat sie vor ner Stunde raus geschmissen, weil sie auf die Theke gekotzt hat." Automatisch schweifte mein Blick zu der kleinen Kneipe hinüber, über der ein großes Schild mit der Aufschrift " 24 Stunden geöffnet" prangte. "Vor einer Stunde sagen Sie? Und sie war betrunken? Haben Sie gesehen in welche Richtung sie gelaufen ist?" Der Mann grinste dreckig. "Gelaufen kann man das nicht nennen, aber sie ist in Richtung Fluss getaumelt." In Richtung Fluss! Immerhin eine Information, aber die Tatsache, dass Sophie betrunken zu sein schien, gefiel mir gar nicht und wir eilten, so schnell meine alten Beine mich trugen, in die uns gewiesene Richtung. Als wir am Flussufer ankamen, war weit und breit kein Mensch zu sehen. Nicht einmal ein Weg führte am Ufer entlang und wir hatten keine Ahnung in welche Richtung wir uns durchs Gebüsch schlagen sollten. Auf einmal war das Pferd ganz aufgeregt. Es scharrte mit den Hufen und warf nervös den Kopf hin und her. Danach ging es geradewegs auf das Gebüsch zu unserer Linken zu. Den Anblick, der sich uns ein paar Schritte weiter bot, werde ich niemals vergessen. Das Pferd hatte das Mädchen wohl gerochen. Sophie lag halb von einem Strauch verborgen auf dem Boden. Ihr bleiches Gesicht bildete einen harten Kontrast zu dem roten Blut, das aus beiden Handgelenken strömte und Sophies Pulli durchnässt hatte. Neben ihr lagen eine Wodka Flasche und eine leere Packung Schlaftabletten. In der rechten Hand hielt sie ein blutverschmiertes Messer. Offenbar wollte sie diesmal ganz sicher gehen. Wie in Trance begann ich mit der Herzdruckmassage, während das Gewitterkind zurück zur Straße rannte, um einen Krankenwagen zu rufen. An die nächsten fünf bis zehn Minuten kann ich mich nicht erinnern. Ich weiß nur noch, wie mich ein Sanitäter von Sophies Körper wegzog und dann ging alles ganz schnell. Zwei Notärzte und fünf Sanitäter kämpften um Sophies Leben und ich stand daneben und konnte nicht das Geringste tun. Ich stand nur da, das Gewitterkind in meinen Armen und starrte auf die angespannten Gesichter, die im Blaulicht aufblitzten und war nicht fähig mich zu bewegen. Erst als die Sanitäter Sophie in den Rettungswagen schoben, löste ich mich von meiner Starre. "Ich fahre mit", teilte ich den Sanitätern entschlossen mit. Ich wollte nicht um Erlaubnis fragen, denn ein nein könnte ich sowieso nicht akzeptieren. "Wer sind Sie?" Die Sanitäterin musterte mich kurz. "Ihr Opa", log ich. "Steigen Sie ein!" Das Gewitterkind rief mir zu, dass es nachkommen würde dann schlossen sich die Türen.

Kapitel 17

Ich saß in dem weiß gestrichenen Flur auf einem Stuhl und zappelte nervös mit den Beinen. Das Gewitterkind tigerte unruhig auf und ab. Seit fast zwei Stunden saßen wir nun hier. Hofften, beteten, dass die Ärzte Sophie retten konnten. Es waren die längsten zwei Stunden meines Lebens. Die Uhr schien quasi still zu stehen.

Mein Herz machte einen, als die große Flügeltür aufschwang und eine Frau in weißem Kittel heraustrat. Ich ließ ihr keine Zeit sich vorzustellen. "Wird sie es schaffen?", fragte ich, bevor die Frau ganz bei uns angekommen war. Die Ärztin sah uns an. Lächelte nicht. Ich befürchtete das Schlimmste. "Es war sehr knapp", fing sie nun an. "An beiden Handgelenken waren die Pulsadern fast komplett durchtrennt. Die Mischung aus Alkohol und Schlafmittel machte die Sache nicht gerade einfacher. Das Mädchen hat verdammtes Glück gehabt. Sie wird überleben. Allerdings haben wir sie in ein künstliches Koma gelegt, damit sich der Körper in Ruhe entgiften kann". "Und wird sie wieder ganz gesund?" "Wir gehen davon aus." Am liebsten wäre ich der Ärztin um den Hals gefallen, aber das ging nicht, weil das Gewitterkind vor Freude und Erleichterung auf meinen Arm sprang. Keiner von uns beiden konnte die Tränen unterdrücken. "Ach und noch etwas" sagte die Ärztin und überreichte uns einen zusammengefalteten Zettel. "Das ist aus Sophies Hosentasche gefallen." Ich nahm den Zettel mit zitternden Händen entgegen und bedankte mich. Die Ärztin eilte davon und ich faltete den Zettel auseinander und las.

"Lieber Paul, liebes Gewitterkind,

Wenn ihr das lest, bin ich vermutlich schon lang nicht mehr am Leben. Es tut mir leid, dass ich so gehandelt habe, aber ich hatte wirklich keine andere Wahl. Ihr wisst nicht wie es ist, sein Leben lang misshandelt und gedemütigt zu werden. Irgendwann fühlt man sich selbst wie ein Stück Dreck. Man lässt alles über sich ergehen und versucht dabei nichts zu fühlen. Man baut eine Mauer um sich herum und versinkt immer tiefer in sich selbst. Doch egal wie hoch die Mauer, ist ein Teil dringt immer zu einem durch. Die Panik, den Ekel, die Scham- ich kann das alles nicht mehr ertragen. Man sagt immer die Zeit heilt alle Wunden, dabei gewöhnt man sich nur an den Schmerz und selbst wenn die Wunden heilen sollten, werde ich die Narben nie mehr los.

Die kurze Zeit, die ich mit euch verbracht habe, war einfach unbeschreiblich. Zum ersten Mal fühlte ich mich verstanden und geliebt. Fast wäre so etwas wie Hoffnung und Lebensfreude in mir aufgekeimt. Ihr beide seid mir wirklich ans Herz gewachsen wie keiner jemals zuvor, aber man soll immer gehen, wenn es am schönsten ist. Ich kann mich nicht ewig verstecken und irgendwann wird mein Pflegevater mich finden. Ich kam zu ihm, als ich sieben war und schon damals hat er mich missbraucht. Letzte Woche bin ich abgehauen und wollte alles beenden, aber dann traf ich euch auf dem Eiffelturm. Verdammt, ich hätte euch da niemals mit reinziehen dürfen. Ihr seid zwei so wundervolle Menschen. Es wäre besser für euch gewesen, mich nie kennenzulernen. Ich möchte euch nicht traurig machen und ich würde wirklich gerne bei euch bleiben, aber ich würde nicht ertragen, wenn er mich wieder findet. Es ist besser für alle so wie es ist. Ich hoffe ihr könnt das verstehen.

Vielen Dank für alles.

In Liebe

Sophie"

Beim Lesen liefen mir die Tränen die Wangen herab. Ich versuchte nicht, sie zu unterdrücken. Ich weinte vor Trauer, Wut und Verzweiflung über das, was Sophie wiederfahren war aber auch vor Freude darüber, dass wir das Schlimmste verhindern konnten.

An diesem Tag fasste ich einen Entschluss. Ich würde Sophie helfen, koste es was es wolle. Ich wusste noch nicht wie, aber ich würde alles geben.

Kapitel 18

Wenn Wahrheit hinter Lügen steht
und man nicht weiß wie´s weiter geht
wenn Realität die Träume zerstört
und man nicht weiß wo man hin gehört
dann ist es wichtig nicht aufzugeben
und zu wissen was man will vom Leben
mit Mut nach vorne weiter zu gehen
und die kleinen Wunder des Lebens zu sehen.
Es ist nie zu spät sein Leben zu leben
sich selber eine Chance zu geben
und streicht auch endlos Zeit ins Land
man fällt nicht tiefer als in Gottes Hand
wenn Angst einem die Glieder lähmt
und man sich für seine Vergangenheit schämt
wenn die Uhr sich stetig nach vorne dreht
und die Zeit in einem doch still steht
wenn der Krieger in einem den Kampf verliert
und ein düsterer König den Körper regiert
dann ist es wichtig sich treu zu bleiben
und sich die Tränen aus den Augen zu reiben
dann muss man kämpfen nicht kapitulieren

denn wer nicht kämpft der muss verlieren

es ist nie zu spät sein Leben zu leben

sich selber eine Chance zu geben

und streicht auch endlos Zeit ins Land

man fällt nicht tiefer als in Gottes Hand

Wenn Tränen uns die Sicht erschweren

und Steine uns den Weg versperren

wenn wir uns nicht trau`n von vorn zu beginnen

und Sekunden wie endlose Wochen verrinnen

dann müssen wir lernen zu verstehen

wir können immer weiter gehen

denn es ist nie zu spät unser Leben zu leben

uns selber eine Chance zu geben

und streicht auch endlos Zeit ins Land

wir fallen nicht tiefer als in Gottes Hand.

Wir saßen an Sophies Bett als sie die Augen aufschlug. Sie blinzelte ein paar Mal gegen das Licht, dann erst nahm sie uns wahr. "Paul...", sagte sie nun. Ihre Stimme war nicht mehr als ein Flüstern, "...es tut mir so leid." Ich suchte nach den richtigen Worten. "Sophie, es muss dir nicht Leid tun, aber du brauchst dringend Hilfe." Ich blickte ihr direkt in die Augen. "Ich weiß", sagte sie kaum hörbar und eine einzelne einsame Träne lief ihre Wange, ehe sie wieder einschlief.

Kapitel 19

Ich verließ das große Gebäude mit gemischten Gefühlen. Sophie war in die Kinder und Jugendpsychiatrie nach Deutschland verlegt worden und durfte dort nur Besuch von Verwandten bekommen, also nicht von uns. Das machte mich traurig, aber ich war auch froh über die Gewissheit, dass ihr nun endlich geholfen wurde.

Das Gewitterkind lief neben mir und war ungewöhnlich still. Ich ging davon aus, dass sie sich ähnlich fühlte wie ich, aber bald sollte ich den wahren Grund für ihre Betrübtheit erfahren. "Paul. ich muss mit dir reden", fing sie an und wir setzten uns auf eine Parkbank. "Ich weiß wie schwer das jetzt alles für dich ist, aber jetzt, wo wir zurück in Deutschland sind, muss ich dich verlassen." Ich konnte nicht glauben was ich gehört hatte. Es war unbegreiflich für mich. "Aber...aber wo willst du denn hin?" stammelte ich völlig fassungslos. "Da wo ich herkomme." Sie versuchte zu lächeln, aber es wollte ihr nicht wirklich gelingen. "Und wo genau ist das?" Ich hörte mich an wie ein trotziges kleines Kind. Das Gewitterkind blickte auf seine Füße und antwortete kaum hörbar: "Das darf ich dir nicht sagen." Wir fingen beide an zu weinen. Ich weinte vor Trauer und Enttäuschung. Ich hatte das kleine Mädchen so sehr in mein altes Herz geschlossen, dass es mir, obwohl ich schon viele Menschen verloren hatte, schwer fiel dieses Kind gehen zu lassen. Aber etwas an der Art wie das Gewitterkind sprach, ließ mich wissen, dass es keine Alternative gab. Wir umarmten uns lange, dann nahm das Gewitterkind sein Pferd und verschwand. Als sie fast außer Sichtweite war, drehte sie sich noch einmal um und warf mir eine Kusshand zu, kurze Zeit später konnte ich sie nicht mehr sehen. Auf einmal wurde es dunkel über mir, dunkle Wolken bedeckten den eben noch strahlend blauen Himmel und Regen mischte sich auf meinem Gesicht mit den Tränen, die ich weinte. Ein einziger grollender Donner, ein einziger Blitz, dann war alles vorbei und die Wolken verzogen sich wieder. Fast glaubte ich, ich hätte mir das alle nur eingebildet, aber wieso um alles in der Welt war ich dann so durchnässt? Nein ich hatte mir das nicht eingebildet und Wetterwechsel waren ja auch an sich nichts Besonderes. Dieser verlief zugegebener Maßen ungewöhnlich schnell, aber vielleicht war ich auch einfach besonders sensible, weil ich die Welt zu diesem Zeitpunkt so oder so nicht verstand. Ich lief ein Stück die Straße hinab und bemerkte, dass ich Hunger bekam. Ich sah einen Imbiss an der nächsten Ecke und griff in die Tasche, in der ich mein Geld verwahrte. Doch statt Scheinen und Münzen spürte ich nur ein riesiges Loch.

Ich glaube ich hatte mich noch nie zuvor in meinem Leben so einsam und verloren gefühlt wie an diesem Tag. Alleine in einer fremden Stadt, in der ich niemanden kannte und ohne einen Cent Geld. Nachdem ich gefühlte Stunden durch die Stadt geirrt war und meine Beine mich nicht mehr tragen wollten , ließ ich mich unter einer Brücke nieder und als es anfing zu schneien wurde mir klar, dass dies nicht nur meine Einsamste, sondern auch meine kälteste Nacht werden würde.

Kapitel 20

Seht dort sitzt am Straßenrand

ein armer Mann und streckt aus die Hand

bitte liebe Leute legt etwas hinein

sonst wird er schon bald verhungert und erfroren sein

an der Straße ziehen viele Leute vorbei

doch der arme Mann ist ihnen einerlei

er spricht zu den Leuten und ist schon fast tot

ich brauch etwas Warmes und ein kleines Stück Brot

doch keiner kümmert sich um den armen Mann

der noch nicht einmal Essen sich leisten kann

er wird bewusstlos und fällt in den Schnee

vor seinen Augen erschien eine Fee

sie sagte zu ihm komm geh mit mir fort

wir gehen an einen viel schöneren Ort

sie fliegen zusammen ins Himmelsreich rein

hier wird der Arme ein reicher Mann sein

denn hier zählt kein Reichtum es gibt gar kein Geld

es ist eine andere gerechtere Welt

ich wünschte, dass es auf der Erde genauso wär

und es gäbe keine armen Menschen mehr

doch das wird leider nie geschehen

weil die reichen Leute die armen nicht sehen

wieso kann nicht jeder Mensch die andern akzeptieren

sie achten und ihnen Wärme geben, wenn sie frieren?

Ich werde das hier nie verstehen können

doch wollen wir dem Gedicht ein Ende gönnen

doch das hier noch zum Schluss gemacht

ich hab mir was dabei gedacht

"Hallo Paul"

"Wo bin ich?"

"Rate mal"

"Ist das hier der Himmel?"

"Vielleicht"

"Und bist du.... Gott?"

"Mag sein"

"Und jetzt?"

"Jetzt reden wir über dein Leben. Bist du zufrieden damit?"

"Naja... mit dem ersten Teil nicht so sehr, aber ich hatte eine wundervolle Mutter und die Zeit mit dem Gewitterkind war einfach unbezahlbar."

"Wie ich sehe hattest du eine Liste, die du abarbeiten wolltest. Ist dir das geglückt?"

"Nicht komplett, nein"

"Das ist schade. Dann erlebst du dein Leben sicher als unvollkommen, oder nicht?"

"Nein, ganz im Gegenteil. Ich habe gelernt wie wichtig es ist Träume zu haben, auch wenn man einige davon vielleicht nie erreichen wird. Trotzdem sind sie Teile der eigenen Persönlichkeit, die einem beim bloßen Gedanken an sie Freude bringen."

"Also bist du auch nicht sauer auf das Mädchen Sophie, das dir die Zeit zur Erfüllung deiner Träume genommen hat?"

"Auf Sophie? Niemals! Ich bin unendlich froh, dass wir das Schlimmste verhindern konnten und dass das Mädchen lebt und ich hoffe so sehr, dass ihr nun endlich geholfen wird und sie ein neues Leben beginnen kann."

"Also gut Paul, willkommen im Himmel."

Das große Tor öffnete sich und ich traute meinen Augen nicht. All die Menschen, die mir der Tod entrissen hatte, standen dahinter und schauen mich an, als würden sie auf mich warten. Meine Freude war riesig, aber plötzlich entdeckte ich etwas Seltsames. Neben meiner Mutter stand das Gewitterkind und grinste mich an. Ich sah sie bestürzt an. War sie etwa gestorben? Sie begegnete meinem Blick und begann zu erklären. "Paul, du erinnerst dich nicht daran, du warst damals noch zu klein, aber du hattest eine große Schwester. Du hattest mich. Mit sieben Jahren bin ich in einen Brunnen gefallen und ertrunken aber ich habe meinen kleinen Bruder nie vergessen und dich oft von hier oben beobachtet. Als Vater mir erzählte, dass es nun auch für dich bald an der Zeit wäre Abschied von der Erde zu nehmen, überredete ich ihn, dir einen Besuch abstatten zu dürfen, um dir noch einmal zu zeigen, was es heißt zu leben." Ich starrte das Kind an. Erst jetzt fiel mir auf, wie ähnlich sie meiner Mutter sah und ich stand einfach da, mit offenem Mund und konnte es nicht glauben. Ich blinzelte und versuchte aus diesem seltsamen Traum aufzuwachen, doch es gelang mir nicht, denn es handelte sich um die Realität.

In den nächsten Wochen sollte ich viel Neues erfahren und begreifen. Ich verbrachte viel Zeit mit meiner Familie und ließ mir alles zeigen. Nach circa zwei Wochen zeigte mir das Gewitterkind das Postzimmer. "Ein Postzimmer?", fragte ich, "im Himmel? Wie soll das denn gehen?" Meine kleine große Schwester grinste mich an. "Mit Luftballons natürlich! Schau da kommt einer!" Tatsächlich stieg unter uns ein Luftballon langsam empor und stieg durch ein Loch im Boden zu uns hinauf. "Schau mal, der ist für dich! Von Sophie!" "Von Sophie, aber woher weiß sie denn, dass ich...?" Ich konnte immer noch nicht laut aussprechen, dass ich tot war. Ich zog den Ballon zu mir heran und löste den Knoten von der Papierrolle, die daran befestigt war.

"Lieber Paul,

ich habe in der Zeitung gelesen, dass du –naja- du weißt schon, dass du tot bist und ich bin unendlich traurig, dass wir uns nicht richtig verabschieden konnten. Ich habe keine Ahnung, ob dieser Brief jemals bei dir ankommen wird, aber ich hoffe es inständig.

Ich würde dir nämlich unglaublich gerne sagen, wie glücklich ich bin. Ich wohne jetzt bei supernetten neuen Pflegeeltern und stell dir vor, das Gewitterkind hat mir sein Pferd geschenkt. Ich musste versprechen gut darauf zu achten und es niemals anzubinden (du kennst ja das Gewitterkind).

Ich hoffe dir geht es dort oben genauso gut wie mir hier unten. Ich vermisse dich und das Gewitterkind. Ihr beide habt mir das Leben gerettet und das gleich zwei Mal. Und weißt du was? Inzwischen bin ich richtig froh zu leben! Ich werde euch beide niemals vergessen.

Danke für alles!!!

In Liebe,

deine Sophie."

Früher habe ich Happyends immer kitschig gefunden, weil ich der Meinung war, dass sie nicht im Geringsten der Realität entsprachen. Seit diesem Tag sehe ich das anders. Manchmal geschehen eben einfach Wunder.

Danksagung

Ich möchte hiermit allen Leuten danken, die während der Entstehung dieses Buches an mich geglaubt und mir neuen Mut gemacht haben, wenn ich aufgeben wollte.

Besonderer Dank geht an Thea und Frau Grüner, die mir in Punkto Rechtschreibung eine riesige Hilfe waren.

Ohne euch alle hätte dieses Buch niemals entstehen können!

Zeitfracht Medien GmbH
Ferdinand-Jühlke-Straße 7
99095 Erfurt, Deutschland
produktsicherheit@kolibri360.de